현대 시각문화의 이해

현대 시각문화의 이해

우리가 보는 것에 대한 인문학적 성찰

초 판 1쇄 2024년 07월 30일

지은이 오상희
펴낸이 류종렬

펴낸곳 미다스북스
본부장 임종익
편집장 이다경, 김가영
디자인 윤가희, 임인영
책임진행 이예나, 김요섭, 안채원

등록 2001년 3월 21일 제2001-000040호
주소 서울시 마포구 양화로 133 서교타워 711호
전화 02) 322-7802~3
팩스 02) 6007-1845
블로그 http://blog.naver.com/midasbooks
전자주소 midasbooks@hanmail.net
페이스북 https://www.facebook.com/midasbooks425
인스타그램 https://www.instagram.com/midasbooks

ⓒ 오상희, 미다스북스 2024, *Printed in Korea*.

ISBN 979-11-6910-743-3 03100

값 18,000원

미다스북스는 다음세대에게 필요한 지혜와 교양을 생각합니다.

우리가

보는 것에 대한

인문학적 성찰

현대 시각문화의 이해

오상희 지음

미다스북스

프롤로그: 독자들에게

이 책의 전신은 2019년 박사학위 논문으로 발행된 『시각문화에 내재된 자본의 논리』이다. 박사 과정을 밟던 2015년 전후에 거대 IT 기업의 주도로 머리에 고글을 쓰고 가상현실을 체험하는 VR 헤드셋 붐이 일어났다. 구글은 '구글 카드보드'를 발표했고 페이스북과 인스타그램으로 유명한 메타는 '오큘러스 VR'을 인수하여 '오큘러스 리프트'를 출시했다. 평생 남을 박사 논문의 소재를 한 때의 유행으로 끝날지 모르는 신문물로 정하는 어리석은 대학원생은 없으며, 그런 실수를 저지른다 해도 지도교수가 허락해 줄 리 없다.

그 대신 나는 당시의 VR 헤드셋 붐을 19세기 초에 시작되어 오늘날까지 계속되는 동질적인 현대 시각문화의 편린으로 해석했다. 19세기 초 입체경으로 대표되는 수많은 시각 매체들이 발명되었고 크게 유행했다. 이 중 사진과 영화는 시행착오 끝에 주류 미디어의 궤도에 안착했고, 나머지는 도태되는 듯했다. 그러던 중 오늘날 디지털 기술을 촉매로 입체경의 업그레이드 버전인 VR 헤드셋이 발명되어 재기를 노리는 형국인 것이다. 이것을 주제로 박사학위 논문을 쓰기 시작할 무렵 절정이었던 VR 헤드셋의 인기는 논문이 완성될 시점엔 시들해지는 듯했다.

그 후 약 5년이라는 시간이 흘렀지만 이 단행본에서도 당연히 같은 원칙이 적용될 것이다. 나는 쉽게 신념을 바꾸는 사람이 아니다. 마침 단행본 출간을 앞두고 애플이 가상현실과 증강현실을 결합한 혼합 현실 헤드셋 '애플 비전 프로'를 야심 차게 내놨다. 제품의 가격이 너무나 비싼 탓에 판매량은 저조할 것으로 예측하지만 나는 이 일련의 소란에서 자본주의의 화신이자 거대 자본의 현현인 빅테크 기업이 지속적으로 대중의 육안을 투자 대상으로, 시장으로, 플랫폼으로 장악하려는 뚜렷한 상승 추세선을 확신했다.

VR 기기의 단기적인 상승과 하락에 치중하지 말고 19세기 초 현대적 광학기구의 등장을 시작점으로 하는 시각 미디어의 이동평균선을 조망하면, 19세기 초 현대 시각문화 속에 침투한 자본의 논리는 오늘날까지 바뀌기는커녕 오히려 더 강화되고 있음이 분명해진다. 계속해서 자본주의는 우리의 육체적 눈을 공략할 것이고 마침내 우리 눈을 핵심 부품으로 작동하는 엄청난 부가가치가 잠재된 새로운 플랫폼 비즈니스가 출범할 것이다. 모든 것을 교환 가능한 것으로 치환하고 더 빨리, 더 많이, 더 촘촘히 증식하는 것, 이것이 유일하고 절대적인 자본의 알고리즘이다.

글을 쓰며 하루 종일 의자에 앉아 책과 모니터 앞에서 수년간 씨름하다 보니 어느 순간 문득 나가서 뛰고 싶다는 생각이 들었다. 집 앞에서 서래마을까지 1km도 안 되는 거리가 내가 뛸 수 있는 전부였던 시절이었다. 그 후로 차츰차츰 거리를 늘려서 이제는 10km 달리기가 내가 제일 좋아하는 취미가 되었다. 현대 사회에서 달리기는 더 이상 아테네 병사가 승전보를 알리기 위해서 마라톤 평원을 뛰었던 것처럼 목적지에 빠르게 이동하기 위함이 아니다. 달리기가 좋은 이유는 '도대체 그걸 왜 하는데?'라는 질문을 받았을 때, 딱히 대답할 만한 것이 없기 때문이다. 물론 이 권태로운 질문은 아마도 인문학을 전공하기 전의 내가 던졌을 것이다. 뭘 위해서가 아니라 그냥 그 자체인 것이기 때문에 좋다. 반생산적인 행위에 전념할 수 있다는 것은 지금의 내 삶이 과거보다 괜찮아졌다는 것을 방증한다. 달리기의 이런 무목적의 합목적성이 좋다.

이 책을 읽는 것도 달리기와 유사하다고 생각한다. 뛰는 동안 드는 지배적인 정서는 지루함 혹은 고통 그리고 그로 인해 그만두고 싶은 마음이다. 하지만 포기하지 않고 끝까지 완주했을 때 밀려오는 행복감은 언제나 그 이상이다. 이 책은 술술 읽히는 쉬운 문장들로 구성되어 있지 않고 매 챕터마다 못 넘을 것 같은 고비가 존재하지만 완독해 낸다면 인내보다 커다란 지적 성취감과 자존감의 완주 메달을 받을 수 있을 것이다.

목 차

제 1 장

시각문화를
살펴보기에 앞서

1)
시각문화 연구란 무엇인가?

    21세기는 시각문화의 르네상스 시대라고 불릴 만하다. 빅테크 기업은 가상현실(VR), 증강현실(AR), 혼합현실(MR) 헤드셋 등 첨단 시각 매체를 앞다투어 출시하고 있다. 대중의 의식이 새로운 미디어 출현의 속도를 따라잡지 못할 정도이다. 하지만 우리는 첨단 기술 매체에 의해 급변하는 시각문화의 흐름을 도외시할 수 없다. 왜냐하면 이 장치를 활용할 수 있는 능력과 이것에 대해 취하는 태도가 실제 삶의 질에 많은 영향을 끼치기 때문이다. 우리는 시각 매체를 통해 맨눈으로 볼 수 없었던 이미지를 보고 기존과 다른 방식으로 외부 대상을 지각할 수 있다. 아비투스 개념으로 유명한 피에르 부르디외가 주장했듯이 문화는 곧 자본이며 그중에서 시각문화는 오늘날 인간의 삶에서 매우 큰 비중을 차지한다. 따라서 무엇을 볼 수 있고 또 어떻게 볼 것인지의 문제는 단순히 취향에 국한된 것이 아니라 현대인의 자본 및 경쟁력과 직결된다.

그렇다면 이처럼 급변하는 세상에 도태되지 않기 위해 우리가 모두 얼리어답터가 되어야만 할까? 하지만 하루가 다르게 쏟아져 나오는 모든 제품을 구매하고 사용법을 익히는 것은 현실적으로 불가능하다. 더 근본적인 방안은 시각적인 것들의 역사 속에서 전체적인 흐름을 주도하는 구조와 원리를 이해하고, 이를 통해 이 시대의 시각문화를 비판적으로 사유할 수 있는 인문학적 역량을 강화하는 것이다.

이러한 배경 하에 집필한 이 책이 학문적으로 자리 잡게 될 곳은 시각문화 연구visual culture studies 분야다. 우선 시각문화 연구에 대해 간략히 살펴보자. 시각문화 연구는 르네상스 시대에 태동했던 데카르트적 원근법주의에 맞서 싸우기 위해 시작되었다. 데카르트 사상의 핵심은 '나는 생각한다, 고로 존재한다.'라는 뜻의 '코기토 cogito'이다. 이는 인간이 생각하는 존재라는 것이 아니라 인간의 이성이 유일하고 절대적인 진리라는 뜻이다. 이러한 인간의 자기중심적인 주체 개념이 시각적으로 구현되는 방식이 미술의 원근법이다. 요컨대 데카르트적 원근법주의란 자신이 정한 하나의 점을 절대적 기준으로 세상을 바라보고 인식하는 것을 의미한다.

시각문화 연구는 이러한 데카르트적 원근법주의를 비판적으로 분석함으로써 은폐된 모순점을 드러내고 대안을 제시하는 것을 목표로 한다. 먼저 시각문화 연구 1세대 학자에 대해 살펴보자. 엘빈 파노프스키는 원근법을 일종의 상징 형식으로 간주하고 그것이 우연히 나타난 관례의 하나라고 주장했다. 마르틴 하이데거는 원근법을 지배 의지를 가진 주체와 연관 지어 분석했다. 정신분석으로 유명한 자크 라캉은 무의식적인 측면에서 응시하는 주체가 치르는 대가를 지적했다. 몸의 인문학자인 메를로 퐁티는 시각에 내재된 신체적 요소를 강조했다.[1]

1세대 학자들이 원근법주의에 대한 비판을 주로 했다면 2세대 학자들은 이 연구들로부터 더 긍정적인 대안을 모색한다. 마틴 제이는 원근법에 대한 대항 전통들로 17세기 네덜란드 회화와 바로크 미술을 제시한다. 제이는 이 양식이 원근법과 같은 시대에 속해 있었음에도 원근법주의의 세계관과 배치되는 도전적인 요소를 가지고 있었다고 주장한다. 로잘린드 크라우스는 시각적인 것이 생리학적이면서 정신분석학적인 신체적 욕망과 밀접하게 연관되어 있음을 강조한다. 크라우스는 신체적 욕망과 결부된 시각적인 것을 의미하는 개념으로 비트, 고동, 리듬 등을 대안적 개념으로 제시한다. 노먼 브라이슨은 동양철학을 대안으로 삼아 주체가 어떤 대상을 응시할 때 타자에 의해 훼손되는 탈중심화를 오히려 긍정적으로 해석하려 한다.[2]

앞서 언급한 학자들의 연구는 크게 두 가지로 요약된다. 첫째는 미술을 연구 대상으로 삼아 그림을 그리는 기법의 철학적, 미학적 의미를 비판적으로 분석하는 것이다. 둘째는 프로이트를 필두로 라캉이 발전시킨 무의식적 혹은 정신분석학적 접근을 시각 연구 분야에 적용한 것이다. 이러한 시도들이 시각문화 연구의 지평을 확장하는 데 지대한 공헌을 해 왔다는 것을 부인할 수는 없을 것이다. 하지만 정말 중요한 요소가 하나 빠졌는데 바로 시각 매체다. 어찌 시각 매체를 빼고 현대 시각문화를 이야기할 수 있겠는가?

이러한 문제의식 속에서 이 책은 다소 독특한 주장과 시각을 담은 조너선 크레리Jonathan Crary의 시각문화 이론에 출발점을 둔다. 크래리는 그의 저서 『관찰자의 기술: 19세기 시각과 근대성』에서 우리의 신체적이고 생리학적인 눈을 사회학적이고 계보학적인 시각성에 종속시킨다.[3] 미셸 푸코의 계보학이란 진리로 간주되는 지식과 정상으로 여겨지는 행동들의 역사적 기원을 파헤치는 것이다. 그리고 그러한 지식과 행동들이 절대적인 기준에 의거해 정상으로 규정되는 것이 아니라 권력과 담론의 역학관계 속에서 도출된다는 것을 드러내는 것이다. 계보학적 관점에서 우리의 시각도 절대적인 고정불변의 것이 아니다. 카메라의 성능이 사진작가의 실력에 따라 발휘되듯이 우리 눈의 기능을 구현하는 것도 시각문화에 달려 있다.

크래리는 기존의 시각문화 연구에서 대수롭지 않게 여겨졌던 19세기의 입체경과 이를 통해 구현된 시각적 환영에 중요한 의미를 부여한다. 19세기 초반은 시각 매체의 황금기였다. 이 시기에 소마트로프thaumatrope, 페나키스토스코프phenakistoscope, 조이트로프zoetrope, 스트로보스코프stroboscope, 그리고 입체경streoscope 등 수많은 광학기기들이 발명되었고 대중에게 널리 사용되었다. 크래리는 이러한 광학기기의 등장과 더불어 시작된 시각문화의 변화가 1870~80년대 모더니즘 미술과 1839년 이후 사진의 발전보다 더 중요한 것이라고 강조한다.[4] 크래리는 1810년경부터 1840년 사이에 광학기기를 중심으로 일어난 일련의 사건들이 이전 시대의 카메라 옵스큐라가 구축했던 고정적 관계로부터 시각을 벗어나게 했다고 언급한다.[5] 이것은 전통적인 미술사에서는 등장하지 않는 독특한 주장이다. 하지만 이러한 광학기기 중심의 획기적인 시기 구분은 현대 시각문화를 더 적나라하게 분석하기 위한 일종의 전략이자 숨겨진 사실들을 밝혀낼 수 있는 시점의 전환이다. 육면체를 보는 시점에 따라 모습이 달라지듯이 '모던'을 어느 시기로 설정하느냐에 따라 시각문화의 모습이 달라질 것이다.

2)
용어 설명과 각 장에 대한 간략한 소개

■ 용어 설명

• 시각문화

시각문화는 단순히 예술 작품의 외양이나 재현 양식뿐만 아니라 여러 학문 분야의 이론, 기술적 발명, 사회적 관습 그리고 지각과 인지의 정신적이고 신체적인 수용 능력까지 포함한다. 당대의 시각문화는 관찰자가 보는 방식을 규정한다. 그 과정은 다음과 같다. 한 시대의 시각권력(정치경제적 이데올로기)과 시각담론(학문)은 서로를 강화하며 각각 시각윤리(어떻게 봐야하는가)와 시각진리(무

엇이 정상적인 시각인가)를 산출한다. 관찰기구(미디어)
는 이것을 관찰자에게 주입시키며 관찰자는 관찰기구를
사용하며 당대의 시각문화를 자연스럽게 터득한다. 관찰
자는 또한 시각권력을 저지하거나 새로운 시각담론을 구
성하고 관찰기구를 발명함으로써 능동적으로 시각문화를
바꿀 수 있다.

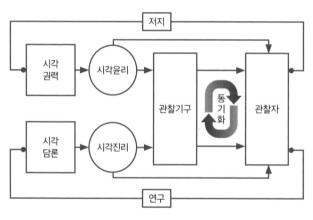

시각문화 도식

- **관찰자**

한 시대의 시각문화를 간단히 정의하는 것은 불가능하다. 시각문화는 물질적이고 정신적인 것을 포함하는 방대한 이론과 실천의 집약체이기 때문이다. 그렇다면 시각문화를 대표하는 임의의 '관찰자'를 상정하고 이것을 개념적 틀로 삼아 시각문화를 분석하는 방법을 생각해 볼 수 있을 것이다. 관찰자는 당대의 시각문화가 규정한 바라보기의 규칙을 가장 모범적으로 열심히 실천하는 사람이다.

대표적인 사례로 들 수 있는 것이 발터 벤야민Walter Benjamin의 '산보객flaneur'이다. 벤야민은 수많은 상점의 진열창과 대형 백화점으로 둘러싸인 대도시의 모습을 바라보며 여가를 보내는 산보객의 시선을 통해 자본의 논리에 종속된 19세기의 시각문화를 기술한다.[6] 또한 1970년대에 대두된 관객성 이론은 스크린을 응시하는 영화 관람객을 관찰자로 설정하여 정신분석학의 관점에서 시각문화에 내재한 무의식을 설명한다.[7]

레오나르도 다빈치의 그림이 데카르트적 원근법주의라는 당시의 시각문화를 반영하긴 해도 복잡한 시각문화를 미술사만으로 설명하기에는 한계가 있다. 하지만 카메라 옵스큐라의 관찰자를 분석하면 원근법뿐만 아니라 주체와 외부의 단절, 눈의 활동을 규격화하여 통제하는 독특한 지식체계들, 기술적 발명, 재현적 실천 등 더 많은 것들을 알아낼 수 있다.

〈최후의 만찬〉, 레오나르도 다빈치, 1495~1497년.

출처: Leonardo da Vinci, Public Domain, https://commons.wikimedia.org/w/index.php?curid=24759.

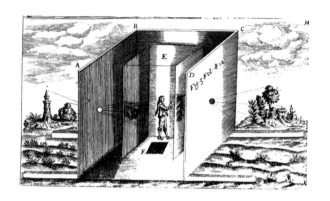

휴대용 카메라 옵스큐라, 아타나시우스 키르허, 1646년.

출처: Athanasius Kircher, *Ars Magna Lucis et Umbrae*, Public domain, Wikimedia Commons.

• 미디어 관객성

관객성은 영어로 스펙테이터십spectatorship인데 우리에게 비교적 익숙한 단어인 리더십을 떠올려 보자. 리더십이란 조직에서 지도자가 갖는 자세 및 역할을 의미한다. 마찬가지로 미디어 관객성이란 시각문화 속에서 시각 매체를 적절히 활용하여 이미지 바라보는 사람이 갖는 태도나 능력을 의미한다.

영화 <백 투 더 퓨처 2>(1989)에서 타임머신을 타고 미래로 간 주인공은 난생처음 홀로그램 이미지를 보고 깜짝 놀란다. 반면에 미래인들은 이것을 일상적인 광고로 받아들이는 데 거부감이 없다. 같은 이미지에 대한 서로 다른 반응은 각 시대별 관객성의 차이에 기인한다.

〈백 투 더 퓨처 2〉, 마이클 J. 폭스 주연, 1989년.
출처: <Back to the Future II>, Dir. Robert Zemeckis, 1989.

- **시각vision과 시각성visuality**

포스터에 따르면 일반적으로 시각은 신체적인 작용으로서의 시선을 의미하며 시각성은 사회적인 사실로서의 시선을 의미한다. 하지만 이 구분에 대해 포스터는 다음과 같이 말한다. "이 두 개념이 마치 자연이 문화와 대립되는 것처럼 그렇게 서로 대립되는 것은 아니다. 왜냐하면 인간은 사회적이고 역사적이기도 하며, 또 시각성은 그 안에 신체와 정신을 포함하고 있기 때문이다."[8] 포스터가 두 개념의 구분을 재정립한 것을 정리하면 다음의 표와 같다.

	시각vision	시각성visuality
시선 sight	신체적인 작용	사회적인 사실
	자연	문화
	육체	정신
시각적인 것 the visual	시선의 메커니즘	시선의 역사적 테크닉
	시각의 데이터	시각의 담론적 규정
	우리가 어떻게 보는가	우리가 어떻게 보도록 규정되는가

핼 포스터의 시각과 시각성의 구분

• 시뮬라시옹, 시뮬라크르, 하이퍼리얼리티

장 보드리야르의 개념이다. '시뮬라시옹'은 쉽게 말해서 현실을 베껴서 모조품을 만든다는 뜻이다. 이렇게 만들어진 모조품을 '시뮬라크르'라고 한다. '하이퍼리얼리티'는 현실에 존재하는 모조품 중 원본이 존재하지 않는 모조품을 뜻한다. 예를 들어 어떤 가짜 명품은 애초에 해당 명품 브랜드에서 출시한 적이 없는 것으로 오직 모조품으로만 존재한다. 이런 제품은 진위 여부를 확인할 것도 없이 무조건 가품이지만 겉보기에는 마치 진품을 베낀 것과 같은 인상을 준다. 이렇게 오직 위조에 의해서 만들어졌지만 마치 원본이 존재하는 것처럼 속이는 모조품을 하이퍼리얼리티라고 한다. 문제는 하이퍼리얼리티는 겉보기에 현실과 다름없어서 구분할 수 없다. 또한 하이퍼리얼리티는 비단 물건뿐만 아니라 모든 시각적인 것을 포함한다.

• 실재(實在)

'실재'는 '사실의 경우나 형편'으로 정의되는 '실제(實際)'와 다르다. 표준국어대사전에 따르면 실재의 정의는 다음과 같다.

1. 실제로 존재함.

2. [철학] 변증법적 유물론에서 인간의 의식으로부터 독립하여 객관적으로 존재하는 물질세계.

3. [철학] 관념론에서, 사물의 본질적 존재.[9]

이 책에서 '실재'는 2, 3번을 의미한다. 종종 '실재'를 '원본 실재'라고 언급하는 이유는 형이상학적 관점에서 '실재'를 본떠 만든 가짜 실재인 '모조'가 존재하기 때문이다.

• 스펙타클

기 드보르가 『스펙타클의 사회』에서 주창(主唱)한 개념으로 현대 사회에서 사실상 인간을 지배하고 있는 '권력화한 이미지'를 뜻한다. 핵심을 세 가지로 요약하면 첫째, 스펙타클은 이미지, 미디어 등의 형성물이다. 스펙타클은 피상적으로 정보, 선전, 광고물, 오락물의 형태를 갖는 소비 가능한 대상이며 협의의 의미로 그것은 직접 지각할 수 없는 것들을 보이게 하는 작용을 하는 매스미디어이다. 둘째, 스펙타클은 인간의 삶을 지배하는 권력이다. 스펙타클은 인간이 체험하는 대부분의 시간을 차지하며 수용자가 무기력한 태도를 갖도록 만듦으로써 삶의 전범을 이루고 있다. 셋째, 스펙타클은 사회를 통제하는 질서 체계이다. 스펙타클은 사회 통일의 도구로서 사회경제적 조직의 일과표이자 실질적인 세계관이다.[10]

■ 각 장의 요약

• 제2장 미디어 관객성의 형성: 시각문화의 산물이 탄생하다

17~18세기를 지배했던 카메라 옵스큐라의 낡은 시각문화와 19세기에 형성된 입체경의 현대적 시각문화는 어떤 차이점이 있을까? 크래리의 '관찰자' 이론을 통해 이를 알아보자. 아울러 사람들에게 미디어 관객성을 주입하는 현대적 권력의 실체는 무엇이며 어떻게 작용하는가? 미셸 푸코의 '규율권력' 이론을 통해 개인의 신체를 지배하고 순종적인 신체로 길들이는 현대 시각문화 권력의 실체를 파헤쳐 보자.

현대 시각문화의 이해

- **제3장 현대 이미지의 진화: 가상과 실재의 구분이 모호해지다**

오늘날 우리의 하루를 돌이켜 보면 어떤 일을 직접 경험하기보다는 이미지를 통해 간접 체험하는 경우가 대부분이다. 사건·사고를 재현하는 생생한 현장 사진이나 고화질 동영상은 현실 그 자체로 간주된다. 이미지가 현실을 대체하게 된 현대 시각문화 속에서 위협받는 우리의 일상에 대해 장 보드리야르의 '하이퍼리얼리티' 개념을 통해 분석해 보자.

- **제4장 시각문화를 집어삼킨 첨단 미디어**

VR 헤드셋의 관찰자는 크래리가 주장한 카메라 옵스큐라와 입체경의 관찰자를 어떤 점에서 단절 혹은 계승하는가? 푸코의 규율권력이 어떻게 VR 헤드셋과 결합한 신체에 작용하는가? VR 헤드셋이 재현하는 가상현실은 하이퍼리얼리티를 어떻게 구현하는가? 2장과 3장에서 살펴본 크래리, 미셸 푸코, 장 보드리야르의 이론을 종합해 VR 헤드셋 분석에 적용해 보고 첨단 미디어에 포섭된 현대 시각문화를 비판적으로 살펴보자.

제 2 장

미디어 관객성의 형성
: 시각문화의 산물이
탄생하다

시각적 환영은 육안이 가진 무한한 잠재력을 환기시켰지만 사람들에게 인식론적 불안감을 조장하기도 했다. 하지만 주류 과학으로 거듭난 생리학과 실험심리학 연구에 의해 과거 비합리적이고 무작위적인 것으로 억압되었던 시각적 환영이 측정 및 제어 가능한 현상으로 거듭나게 되었다. 이 과정에서 다양한 광학기기들이 발명되었으며 시각적 표준을 산출하는 실험을 위해 사용되었다. 광학기기들은 실험실뿐만 아니라 교실과 가정에서 학습과 유희를 위한 광학적 장난감으로 빈번히 사용되었다. 특히 19세기 중후반 유럽 및 북미 전반으로 널리 확산되었던 입체경은 교육 방식이 실물교수법으로 바뀜에 따라 교재교구로 활용되었다. 아이들은 광학적 장난감을 통해 시각적 환영의 정상성에 관한 표준 체계를 체득했으며 자본의 논리에 적합한 소비자가 되기 위한 시각적 능력 및 태도를 갖추게 되었다. 이러한 일련의 과정을 통해 현대적 미디어 관객성이 형성되었다.

한편 현대적 미디어 관객성의 핵심 요소인 육안을 지배하는 정치경제적 힘은 신체를 지배하는 푸코의 규율권력과 같은 맥락에 위치한다. 잔인한 처형 광경을 공개적으로 드러내고 신체에 직접적으로 고통을 가했던 중세시대의 처벌은 점차 비가시적이고 인도주의적 방식으로 변화했다. 하지만 신체에 가해지는 권력은 여전히 막대한 영향력을 행사하고 있다. 현대적 권력의 핵심은 신체에 관한 비교측정체계를 만들고 교육과 훈련을 통해 복종하는 개인을 양성하는 규율이다. 이 규율을 기반으로 구축된 권력은 자본의 축적에 따라 누적된 대량의 신체를 효율적으로 다루기 위한 미시 물리학과 정치 해부학의 산물이기도 하다. 규율권력은 신체-객체의 유기적 연결을 통해 도구와 결합된 신체를 만들고 훈육을 통해 개인을 복종시킨다. 규율권력에 의해 지배된 신체는 순종할수록 그 효용성이 높아지고 역관계도 성립하는 극대 단일화의 체계에 종속된다. 또한 편재적 점조직성을 실체적 특성으로 갖는 규율권력은 식별 가능한 특정 주체에 귀속되어 있는 것이 아니기 때문에 전복시키는 것이 불가능하다.

1)
광학 기기를 통해 착시가 표준이 되다

■ 관찰자: 시각문화 학교의 전교 1등 모범생

시각문화에 중대한 변화가 생길 때 여러 가지 과도기적 현상이 나타난다. 새로운 사상이 등장하고 방대한 지식이 축적됨에 따라 혁신적인 기술과 발명품이 등장한다. 또한 사회적 관습이 바뀌고 인간의 정신적이고 신체적인 수용 능력이 확장되기까지 한다. 이러한 시각문화의 전체적인 변화를 단순히 예술 작품의 외양이나 미술 기법의 변화만으로 설명하는 데에는 한계가 있다. 크래리는 이러한 미술사의 한계를 극복하기 위해 관찰자 개념을 제시한다.

관찰자란 당대의 규범에 맞게 형성된 구조적 효과이며 역사적 흐름 속에서 가시적인 물체로 식별될 수 있는 존재이다. 관찰자의 중요한 특징 두 가지를 요약하면 다음과 같다.

첫째, 관찰자는 규칙대로 세상을 바라보는 사람이다. 라틴어로 '스펙타레spectare'는 현란한 광경에 일방적으로 시선을 빼앗긴 구경꾼을 의미한다. 하지만 '옵세르바레 observare'는 자신의 시선에 주의를 기울이며 대상을 바라보는 동시에 그런 자신을 바라보는 관찰자를 의미한다. 여기서 관찰자의 능동적 태도를 과대평가해서는 곤란하다. 영어로 observe가 관찰한다는 뜻 외에도 규칙 등을 준수한다는 뜻을 갖듯이 관찰자는 자기 마음대로 보는 자가 아니다. 관찰자는 당대의 규칙과 질서를 준수하며 관습과 제한된 체제 내에서만 대상을 바라보는 수동적인 사람이다.[11]

둘째, 시각 매체와 관찰자는 떼려야 뗄 수 없는 관계이다. 관찰자의 정체성은 기술적이고 담론적인 관계 체제의 산물인 광학기기와 동일하다. 카메라 옵스큐라는 낡은 '데카르트적 원근법주의'의 관찰자와 한 쌍이다. 이와 대비되는 입체경은 19세기 초반의 현대적 관찰자와 한 쌍이다. 이러한 기기들의 정체성을 단순히 기계적 작동 원리나 도구적 기능만으로 정의할 수는 없다. 시각 매체의 성격은 사회를 지배하는 정치경제적 권력과 그 권력에 힘을 더해 주는 지식 체계와 밀접한 관련을 갖기 때문이다.

■ 카메라 옵스큐라의 관찰자: 투명한 눈

크래리에 따르면 카메라 옵스큐라의 정체성은 이론적 사고와 물질적 실천의 교차점에서 형성되었다. 카메라 옵스큐라는 17~18세기 동안 철학자, 과학자, 예술가뿐만 아니라 대중에게도 널리 사용된 지배적인 시각 매체였다. 카메라 옵스큐라는 단순히 그림을 그리기 위한 도구가 아니라 관찰자와 외부 세계의 관계를 규정하고 시각을 이해하기 위한 필수적인 기구였다. 카메라 옵스큐라는 인문학과 과학을 가로질렀다. 데카르트의 『성찰』과 로크의 『인간 이해에 관한 에세이』, 그리고 뉴턴의 『광학』에 공통적으로 카메라 옵스큐라가 등장한다. 여기서 카메라 옵스큐라는 명증한 인식을 위해 부적절한 감각이 차단된 이상적 공간으로 묘사된다. 또한 카메라 옵스큐라 내부의 관찰자는 외부적으로 대상에 대한 중립적인 시선을 유지하고 내부적으로 무질서한 자극을 배제하는 이성적인 주체로 그려진다.[12]

17~18세기의 관찰자가 준수해야 할 바람직한 시각이란 외부 세계를 객관적으로 인식하고 그것을 왜곡 없이 재현하는 것이었다. 당시의 시각문화 속에서 인간의 시각은 이성의 부품에 불과했다. 각막을 통과하는 빛은 언제나 최단 경로로 직진하는 절대적인 존재였고 눈은 투명한 렌즈가 되어야 했다. 이러한 시각문화 속에서 카메라 옵스큐라는 투명성과 절대성 모두를 충족시키는 이상적인 시각 그 자체였다. 이렇게 카메라 옵스큐라의 관찰자는 당대 시각문화의 전형이 되었다.

진리를 찾기 위해 이성을 올바르게 쓰려면 눈은 직진하는 빛을 그대로 받아들이는 투명한 렌즈여야 했다. 관찰자는 카메라 옵스큐라의 사용을 통해 이러한 바라봄의 규칙을 체득했다.

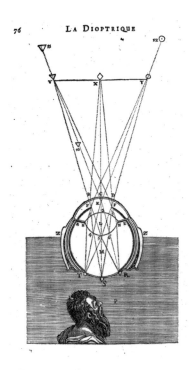

『굴절광학』, 데카르트, 1637년.

출처: René Descartes, *La Dioptrique*, 1637, Public domain, Wikimedia Commons.

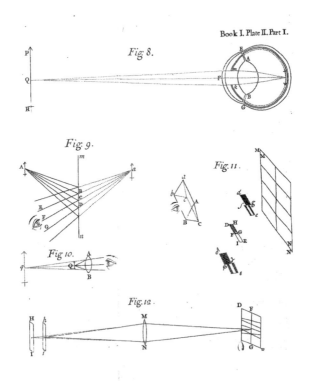

『광학』, 뉴턴, 1704년.

현대 시각문화의 이해

카메라 옵스큐라를 통해 외부 풍경을 보는 아이들의 모습. A
Ganot, *Natural Philosophy.*

출처: Children watching an outdoor scene through a camera obscura, A Ganot,
Natural Philosophy, 1887, Public domain, Encyclopædia Britannica.

■ 카메라 옵스큐라의 관찰자의 위기: 새로운 인문학과 과학의 등장

크래리에 따르면 17~18세기 동안 시각문화에서 절대적 지위를 차지했던 카메라 옵스큐라의 관찰자는 새로운 인문학과 과학의 등장으로 위기를 맞는다. 먼저 새로운 인문학 사상에 대해 살펴보자. 18세기 말 칸트가『순수이성비판』에서 제시한 관찰자는 데카르트적 원근법주의를 뒤집는 코페르니쿠스적 혁명의 산물이었다. 칸트의 새로운 관찰자 개념으로 인해 카메라 옵스큐라의 관찰자가 가진 투명성과 절대성이 흔들리기 시작했다.[13]

카메라 옵스큐라의 관찰자를 위협한 것은 비단 칸트 뿐만이 아니었다. 19세기 초반 괴테는『색채론』에서 카메라 옵스큐라 안에 있던 관찰자가 작은 구멍을 통해 강렬하고 밝은 빛을 보다가 그 구멍을 막았을 때 눈앞에 생기는 잔상에 관해 묘사한다. 잔상은 카메라 옵스큐라의 규칙 아래서 용인될 수 없는 것이었다. 이러한 괴테의 시도는 카메라 옵스큐라의 주체와 인식론을 해체시켰다.[14] 괴테가

『색채론』에서 제시한 잔상은 독특한 발상에 그치지 않고 1820년대에 유럽 전역으로 퍼져 나갔다. 새로운 눈의 현상에 대한 방대한 과학 연구가 괴테의 뒤를 이었다. 푸르키녜는 잔상을 계량화하고 주관적 시각을 객관화했던 최초의 인물이었다. 이와 더불어 물리학자 앙페르, 교육학자 헤르바르트 등이 괴테의 연구를 계승하거나 이에 영감을 받아 시각적 환영에 관한 이론적인 체계를 완성했다.[15]

괴테와 더불어 현대적 관찰자 개념의 지평을 열었던 인문학 분야의 사상가로 쇼펜하우어를 빼놓을 수 없다. 쇼펜하우어는 보통 철학과 미학 분야의 학자로 알려져 있다. 하지만 그의 사상은 상당 부분 과학에 기반을 두고 있었다. 쇼펜하우어는 관찰자를 감각의 발원지이자 생산자로 상정했다. 관찰자의 눈은 주관적 시각에 의해 작동하는 생리학적 장치였다. 쇼펜하우어는 학생 신분으로 독일의 생리학자 프란츠 조셉 갈과 독일의 의사 요한 푸자임의 강의에 성실히 출석했다. 또한 의사이자 생리학자인 마샬 홀의 연구를 참조하기도 했다.[16] 철학과 과학을 가로지르는 쇼펜하우어의 사상에 의해 투명한 눈을 강조하는 카메라 옵스큐라의 허점이 적나라하게 드러났다. 안구 내부에서 생성되는 생리학적인 시각은 카메라 옵스큐라가 추구하는 투명한 시각과 전면적으로 배치되는 것이었다.

이번에는 새로운 과학 분야의 성과에 대해 살펴보자. 1820년대부터 1840년대까지 생리학은 정식으로 제도화된 분야가 아니었으며 전문적인 연구 체계를 갖추지 못했다. 하지만 여러 방면에서 육체에 대한 관심이 높아짐 따라 생리작용에 관한 연구들이 산발적으로 축적되기 시작했다. 연구자들은 육체적인 현상들을 마치 기계의 사양을 표기하듯이 객관적으로 수치화하기 시작했다. 이렇게 만들어진 방대한 자료는 훗날 현대적 자본주의 관점에서 개인의 생산성을 극대화하기 위한 지식 체계의 근간이 될 것이었다.

요하네스 뮐러의 『인간 생리학 기초서』는 전문화된 과학으로서 실증주의적 생리학의 전통을 세운 선구적 연구였다. 뮐러는 특수 신경 에너지 이론에서 인간이 외부의 자극 없이 내부의 감각 신경에 따라 다른 감각을 느낄 수 있다고 주장했다. 나아가 뮐러는 관찰자가 실제의 빛없이

도 빛을 느낄 수 있다는 급진적인 결론에 도달했다.[17] 이러한 주장은 착시가 잘못된 지각이 아니라 선험적 능력이 될 수 있음을 시사했다. 카메라 옵스큐라의 관찰자에게 비정상적인 시각이었던 착시가 이제 정식으로 과학적 연구 대상이 된 것이다. 측정을 통해 착시 현상이 객관적으로 수치화됨에 따라 현대적 관찰자가 따라야 할 새로운 표준 시각과 규칙이 산출되기 시작했다.

■ 새로운 시각 매체의 등장: 19세기 초반 광학기기의 황금기

새로운 인문학과 과학의 등장과 더불어 19세기 초반에 착시를 불러일으키는 다양한 광학기기가 발명되었다. 크래리가 고증한 광학기기들의 역사를 정리하면 다음과 같다. 소마트로프thaumatrope는 사전적으로 '기적의 회전기'라는 뜻으로 1825년 존 패리스 박사에 의해 발명되어 런던에서 최초로 상용화되었다. 패리스 박사는 실험에서 잔상 지속 시간을 약 1/8초로 측정했으며 이 원리를 이용해 소마트로프를 제작했다. 전자기 유도를 발견했던 물리학자 **마이클 패러데이**는 바퀴가 빠른 속도로 회전할 때 정지하거나 느리게 도는 것처럼 보이는 현상에 착안하여 1831년 **패러데이 바퀴**Faraday wheel를 발명했다. 이와 비슷하게 벨기에의 과학자 **조세프 플라토**는 잔상이 지속되는 시간을 평균 1/3초로 계산한 시각의 잔존 이론을 이용해 1830년대 초 사전적으로 '착시'라는 뜻의 **페나키스토스스코프**phenakistoscope를 발명했다. 페나키스토스코프는 1833년에 영국에서 대중들에게 판매되었으며 이듬해 등장한 **스트로보스코프**stroboscope와 **조이트로프**zoetrope도 이와 비슷한 원리로 다른 사람이 제작한 것이었다.[18]

19세기 광학기기 역사에서 가장 중요한 것은 **입체경**stereoscope이었다. 입체경은 1850년 이후 유럽 및 북아메리카에서 크게 유행했다. 입체경 사진은 19세기 시각 이미지의 지배적인 양식이 되었다. 헬무트 게른샤임의 『사진의 역사』에 의하면 1854년 런던에서 설립된 입체경 회사가 불과 2년 동안 50만 개의 제품을 판매했다고 한다. 최초의 입체경은 1838년 영국에서 **찰스 휘트스톤**에

의해 발명되었으며, 1849년 **데이비드 브루스터**에 의해
또 다른 구조의 입체경이 제작되었다. 휘트스톤이 푸르키
녜의 논문을 번역했고 부르스터가 시각적 환영에 관한 저
작을 남겼다는 점에서 입체경의 발명은 분명 1820년대와
1830년대의 생리학적 시각 연구의 소산이었다. 이후 1861
년에 등장한 **올리버 홈즈**의 입체경은 사람들이 더 편리하
게 사용할 수 있도록 개량된 것이었다.[19)]

이처럼 19세기 초반에 시각적 환영을 야기하는 다양한
광학기기들이 발명되었다. 크래리에 따르면 이 광학기기
들은 개인을 측정 가능하고 제어 가능한 관찰자로 재조직
하고 인간의 시각을 수치화하고 교환할 수 있는 대상으로
환원시키는 것과 밀접하게 관련되어 있었다.[20)]

소마트로프. 두 개의 그림을 앞뒤에 붙여 빠른 속도로 회전시키면
꽃이 화병에 꽂힌 것처럼 보인다.

출처: Taumatropio fiori e vaso, 1825, Public domain, Wikimedia Commons.

현대 시각문화의 이해

페나키스토스코프. 기구를 들고 원판을 회전시킨 뒤 작은 틈 사이로 거울을 보면 말이 움직이는 것처럼 보인다.

출처: Der Gebrauch des Spiegel-Phenakistiskops, Camille Gilbert, gravé par E.A. Tilly, CC BY-SA 3.0, Wikimedia Commons.

조이트로프. 틈새를 보며 원기둥을 회전시키면 안쪽의 그림이 움직이는 것처럼 보인다.

출처: Kinosammlung Piasio, Zootrop, Neues Museum Biel, CC BY-SA 3.0, Wikimedia Commons.

현대 시각문화의 이해

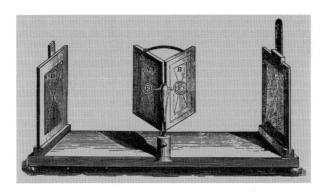

찰스 휘트스톤의 입체경.

출처: Charles Wheatstone-mirror stereoscope XIXc, Public domain, Wikimedia Commons.

브루스터의 입체경.

출처: PSM V21 D055 The brewster stereoscope 1849, *Popular Science Monthly*, Volume 21, Public domain, Wikimedia Commons.

홈즈의 입체경.

출처: Holmes stereoscope. Davepape, Public domain, Wikimedia Commons.

■ 현대적 미디어 관객성의 형성: 입체경의 대중화

메레디스 백Meredith Bak은 『지각과 완구: 과학과 문화의 도구로서의 광학적 장난감』에서 현대적 미디어 관객성의 형성 과정에 대해 다음과 같이 설명한다. 1870년대부터 1920년대까지 입체경은 개인 소비자 및 교육 기관을 대상으로 널리 판매되었다. 1880년대에 설립된 미국의 입체경 회사인 '언더우드 앤 언더우드'와 '키스톤 뷰 컴파니'는 활발한 판촉 활동을 펼치며 입체경의 대중화를 선도했다. 이 회사는 교육학자와 심리학자를 고용해 입체경 수업에 특화된 많은 교육 콘텐츠들을 제작했다. 그중에는 교사들을 위해 입체경으로 학생들을 가르치는 방법을 설명하는 구체적인 지침서도 포함되어 있었다. 입체경은 아이들에게 놀이와 학습을 통해 착시를 정상적인 시각으로 받아들이는 태도와 능력을 주입시켰다. 아이들은 수업 시간에 입체경 속의 이미지를 주의 깊게 관찰하면서 순종적인 태도를 보였다. 이 과정에서 아이들은 자연스럽게 입체 이미지를 정상적인 이미지로 지각하는 능력을 갖게 되

었다.[21]

새로운 시각규칙과 시각매체의 결합은 현대적 미디어 관객성을 탄생시켰다. 19세기 초반 새로운 철학 사상을 기점으로 구축된 과학적 지식체계는 시각적 환영을 정상화하는 표준을 제정했으며 광학기기들은 이 과정에서 결정적인 역할을 했다. 시각적 표준에 의거해 육안의 단점은 장점이 되었고 시지각의 오류는 공리가 되었으며 비정상적인 이미지는 정상적인 콘텐츠로 거듭나게 되었다. 카메라 옵스큐라의 관찰자에게 결점으로 여겨졌던 착시는 입체경의 관찰자에게 새로운 시각의 능력이 되었다. 과거의 원근법적 시각에서 비정상적이었던 이미지가 현대적 시각에서 정상적인 콘텐츠로 거듭나게 되었다.

지리학 수업 시간에 아이들이 입체경을 사용하여 공부하는 모습
으로 입체경 회사인 Underwood & Underwood사의 자료이다.
1908년.

출처: Children in geography class viewing stereoscopic photographs, Library of
Congress Prints and Photographs Division Washington, Public domain.

입체경은 교육 매체로 사용되었다. Underwood & Underwood,
1901년.

출처: The stereograph as an educator, Underwood patent extension cabinet
in a home library, 1901, Library of Congress Prints and Photographs Division
Washington, https://hdl.loc.gov, Public domain.

올림피아 제우스 신전을 찍은 입체경 사진. Underwood &
Underwood, 1865년.

출처: Underwood & Underwood - The Temple of Olympian Zeus and the Acropolis
in the background, Google Art Project, Benaki Museum, Public domain,
Wikimedia Commons.

현대 시각문화의 이해

2)
시각을 통제하는 보이지 않는 힘

■ 신체의 역사와 시각의 역사: 시각문화의 권력은 규율권
력이다

시각의 변화를 살펴보기 위해 어떤 방법론이 적절할까?
진화론을 연구하는 학자는 주로 생물학적 차원에서 안구
의 변화를 분석한다. 진화론은 장기간에 걸친 생물학적
변화를 분석하는 학문이며 최소한 수만 년 단위로 일어나
는 신체적 변화를 연구 대상으로 한다. 따라서 불과 수 세
기 사이에 일어난 시각성의 변화를 논하기에 적합하지 않
다. 미술사학, 철학, 미학 등의 분야에서는 이미지와 미술

사조를 중심으로 시각의 변천사를 파악한다. 미술사학이 예술작품을 기반으로 표현 양식의 역사를 기록한다면 철학과 미학은 경험론에 관해 진술할 때조차 관념적 태도를 취한다는 점에서 두 분야는 의외로 독자적인 길을 걸어왔다. 대개 미술사를 기술한 서적들이 도판으로 가득 차 있는 반면에 철학이나 미학 분야의 저서에서 이미지를 거의 찾아볼 수 없는 까닭은 이런 방법론의 차이 때문이다.

위에서 언급한 분과학문은 나름의 방법론을 통해 시각에 관한 고유의 영역을 개별적으로 점유한다. 하지만 현대 시각문화의 권력에 포섭된 시각의 역사를 추적하기 위해서는 개별화된 방법론들을 융합하고 각 영역들을 상호소통 가능한 유기적인 망 속에 배치시켜야 한다. 이로써 이질적인 담론들 사이의 괴리와 불균질함은 번역을 통해 정화되고 궁극적으로 하나의 성단을 이루게 될 것이다.

이런 의미에서 정치경제학적 권력관계 속에 놓인 신체의 역사를 기술한 푸코의 접근법은 융합적인 차원에서 몇세기에 걸쳐 시각에 일어난 유의미한 변화들을 추출하기에 적합하다. 현대적 미디어 관객성은 관찰자의 눈을 통제하려는 속성을 갖는다. 눈은 신체에서 가장 중요한 기관 중 하나이다. 따라서 푸코의 규율권력 이론을 통해 신체를 통제하는 생체권력의 실체를 파악한다면 시각을 통제하는 권력의 성격을 더 정확히 파악할 수 있을 것이다.

푸코의 규율권력은 경제 발전의 국면에서 자본이 축적됨에 따라 신체를 대규모로 통제할 필요에 의해 고안된 생산적인 힘이다. 현대 시각문화 속에서 작동하는 규율권력은 육안을 정밀하게 해부하고 수많은 측정값을 집적하여 시각적 표준을 정립하는 생리학과 실험심리학 연구의 산물이다. 규율권력은 훈육을 통해 신체–객체를 유기적으로 연결시키고 고도의 생산력을 가진 인간을 만들어 낸다. 이러한 규율권력이 시각문화에서 작용한다면 시각 매체와 안구를 결합하여 이미지를 대량으로 소비할 수 있는 자본주의적 관찰자를 만들어 낼 것이다. 관찰자는 학교와 일상생활에서 시각 매체를 사용하면서 훈육을 통해 규율권력이 주입하는 자본주의적 시각적 태도와 능력을 체득할 것이다.

■ 정치경제학적 신체의 역사: 신체에 가해지는 처벌의 역사

푸코는 신체에 가해지는 권력을 계보학적으로 분석한다. 계보학이란 쉽게 말해서 어떤 것의 정체를 파악하기 위해 족보를 따져보자는 것이다. 푸코에 따르면 신체의 역사를 기술하는 관점은 크게 두 가지로 구분된다. 하나는 신체를 순수하게 생물학적으로 다루는 것이다. 다른 하나는 정치경제학적 권력관계에 종속된 대상으로서 신체를 다루는 것이다.

생물학적인 신체의 역사를 기록했던 분야는 인구 통계학이나 병리학이었다. 연구자는 신체를 살아있는 유기체로 간주하고 주로 생명에 관한 것들을 분석 대상으로 삼았다. 여기서 신체는 욕구와 욕망이 발현되고 생리적 현상과 물질대사 작용이 일어나며 세균이나 바이러스에 감염되는 것으로 여겨졌다. 또한 의학의 발달에 따른 평균 수명의 연장, 전염병으로 인한 대규모 사망 등의 생물학적 사건이 중요한 역사로 다루어져 왔다.

정치경제학적 권력관계 속에 있는 신체의 역사는 정치

이데올로기와 경제체제의 영향을 받는 신체를 기술한다. 권력은 정치적으로 신체를 속박하고 노동에 종사시키며 훈련과 의식에 참여하게 한다. 신체에 가해지는 이러한 정치적 강제는 목표는 경제적으로 유용한 신체를 만드는 것이다.[22]

푸코는 신체를 통제하는 현대적 권력의 성격을 규명하기 위해 정치경제학적 권력관계 속에 있는 신체의 역사를 기술한다. 특히 신체에 가해지는 처벌의 변화 과정을 분석한다. 이를 위해 푸코가 제시한 네 가지 일반 규칙을 요약하면 다음과 같다.

첫째, 처벌을 사회의 복합적인 기능으로 파악해야 한다.

둘째, 처벌 방법을 단순히 법에 의거하여 해석할 것이 아니라 광범위한 영역에서 행사되는 권력의 정치적인 전술로서 분석해야 한다.

셋째, 처벌에 관한 지식을 형법과 인문과학의 융합에 의해 구축된 것으로 이해하고 권력의 기술이 인간에 대한 이해에 기반을 둔다는 것을 유념한다.

넷째, 형사재판에서 영혼이라는 개념이 등장함에 따라

인간 정신에 관한 과학적인 지식이 처벌에 개입하게 되는데 이러한 변화의 기저에 권력에 의한 신체 예속화가 있지 않은지 탐구해야 한다.[23]

푸코는 이러한 전제에 의거해 처벌의 역사적 변화 속에서 신체에 작용하는 권력이 정치경제학적 전략에 따라 작전을 수행하고 음모를 드러내는 양상을 폭로한다.

■ 중세의 처벌: 이미지에 자극적이거나 폭력적인 내용이 포함되었을 수 있습니다

현대 이전의 처벌이 어떤 모습이었고 오늘날 왜 변화할 수밖에 없었는지를 파악하기 위해 방대한 고문헌을 살펴보는 것이 중요할 것이다. 하지만 당시의 상황을 잘 묘사한 영화를 통해 중세의 처벌을 이해하는 것도 가능하다. 영화 〈브레이브하트〉의 마지막 장면에는 중세 시대의 처벌 양식이 가진 역설이 잘 드러난다.

13세기 말 스코틀랜드의 왕이 사망하고 난 뒤 후계자가 부재하자 잉글랜드의 전제 군주 롱생크는 왕위 찬탈을 위해 스코트랜드를 침략한다. 월레스(멜 깁슨 분)는 롱생크의 폭정에 대항하여 조국의 자유를 되찾기 위해 평민들을 모아 저항군을 조직한다. 월레스는 군대를 이끌고 잉글랜드 군과의 전투에서 승리를 거두고 더 많은 스코트랜드 사람들이 결집한다. 하지만 사리사욕에 눈이 먼 귀족들의 배신으로 월레스는 결국 포로로 잡히고 많은 사람들 앞에서 사형 집행을 당하게 된다. 조금이라도 덜 고통스럽게 죽기 위해 월레스가 택할 수 있는 유일한 방법은 왕에게 용서를 구하는 것이었다. 하지만 밧줄에 묶여 사지가 당겨지고 산 채로 복부가 잘려 나가는 고문 속에서도 월레스는 결코 권력에 굴복하지 않고 "자유!"를 외치며 죽어간다.

롱생크는 사람들에게 잔혹한 고문과 처형의 광경을 보여 줌으로써 공포심을 유발하고 복종을 이끌어 낼 심산이었다. 하지만 이러한 처벌 방식은 도리어 그 반대의 결과를 초래하게 된다. 월레스를 애처롭게 바라보는 군중의 표정은 사형 집행 초반 축제를 연상시키는 들뜬 표정과 대조를 이룬다. 광장에 모인 군중들에게 월레스는 자유를 되찾으려는 불굴의 의지를 가진 의인으로 추앙받게 된 반면에 롱생크는 숭고한 가치를 지키려는 영웅을 무자비하게 고문하고 살해한 폭군으로 비춰지게 된 것이다. 월레스의 결연한 희생을 계기로 하나로 결집한 스코트랜드인은 그의 정신을 받들어 용맹하게 싸운 끝에 마침내 잉글랜드 군을 격퇴하고 자유를 쟁취하게 된다.

과거의 형벌은 신체를 손상시켰으며 시각적으로 매우 충격적이었다. 현대적 규율권력은 비가시적이지만 신체를 더욱 집요하게 통제하고 온순하게 복종시킨다.

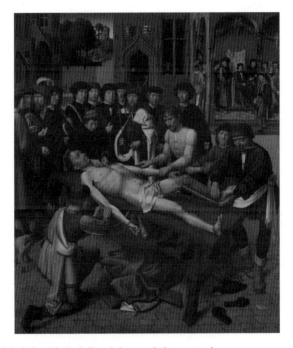

〈캄비세스 왕의 심판〉, 헤라르트 다비트, 1498년.

출처: <The Judgment of Cambyses>, panel 2, Gerard David, 1489, Public domain, Wikimedia Commons.

THOMAS ARMSTRONG.
Binnen Londen, gehangen en gevierendeelt.

〈1683년 토마스 암스트롱 경 처형〉, 얀 루이켄, 1698년.

출처: <Execution of thomas armstrong 1683>, Jan Luyken, Public domain, Wikimedia Commons.

■ 현대적 처벌: 정신적인 세뇌

이처럼 중세의 처벌 방식으로는 권력이 목표하는 바를 제대로 수행해 낼 수 없게 되자 점차 권력의 행사 방식이 덜 잔인하고 되도록 보이지 않는 쪽으로 변하게 된다. 오늘날에는 과거와 달리 권력 행사의 기제가 적나라하게 가시화되는 경우가 드물다. 죄인에게 고문을 가하거나 수감자를 학대하는 것이 점차 금지되었기 때문이다. 하지만, 단지 구경거리로서의 처벌이 사라졌을 뿐 신체에 가해지는 권력은 여전히 유효하다. 또한 신체를 처벌하는 장소가 형벌장과 감옥에 한정되지 않고 일상생활로 확대되었다. 오늘날 신체를 지배하는 권력 작용은 감시의 형태로 보다 광범위하고 세밀하게 이루어지고 있다.

애플의 맥킨토시 광고는 변화된 권력이 지배하는 감시 사회의 단면을 보여 주는 알레고리이다. 이 60초 분량의 광고는 1983년 10월 하와이에서 개최된 애플 세일즈 컨퍼런스에서 최초로 공개되었다. 광고 영상의 전반적인 미장센은 마치 흑백 필름으로 촬영된 것처럼 탁한 잿빛으로

물들어 있다. 얼굴 전체를 덮는 보호구를 쓴 사상경찰의 감시하에 집단으로 세뇌된 사람들이 모두 회색 옷을 입고 기계처럼 일사불란하게 걸어간다. 그들이 도착한 곳은 빅 브라더로 보이는 남성의 얼굴이 거대하게 클로즈업된 대형 스크린 앞이다. 군중은 정자세로 앉아 일제히 스크린을 주시하며 빅 브라더의 연설을 무표정하게 듣는다. 이때 불현듯 흰색 민소매 상의에 짧은 주황색 운동복을 입은 여성이 달려와 마치 투포환을 던지듯 커다란 쇠망치를 화면을 향해 날린다. 쇠망치에 의해 스크린이 폭발하고 하얗게 장면이 전환된 뒤 다음과 같은 문구가 등장한다.

1월 24일, 애플 컴퓨터가 매킨토시를 소개할 것입니다. 그리고 여러분은 왜 1984가 "1984"처럼 되지 않는지 보게 될 것입니다. [24]

빅 브라더의 감시망 속에 갇힌 잿빛 단체복을 입은 '군중'들과 독재 체제에 맞서 싸우려는 주황색 반바지 차림의 '여성'이 이루는 현저한 대비는 IBM 운영체제가 과점하고 있는 PC 시장에 종속된 '소비자'와 IBM에 맞서 매킨토시의 점유율을 높이려는 '애플'과의 관계를 나타내는 아날로지다. 하지만 이 광고가 기호학적으로 의미하는 바는 회색 옷을 입은 사람들은 죄수가 아닌 미디어에 종속된 대중들이며 빅 브라더의 감시 체제가 작동하는 장소 역시 지하 감옥이 아닌 오늘날의 일상적인 공간이라는 것이다.

여기서 중요한 것은 현대적 권력은 전술을 바꿨을 뿐 중세와 마찬가지로 신체를 목표로 한다는 점이다. 처벌이 덜 잔인해진 것은 사실이지만 없어진 것은 아니다. 또한 그것은 단순히 윤리적인 이유 때문만은 아니다. 자본주의 논리에 따르면 신체는 매우 유용한 부가가치 창출 기구다. 신체를 훼손시켜 생산 불능의 상태로 만드는 것보다 훈육시켜 재사용이 가능하게 만드는 것이 더 경제적이다. 오늘날 신체에 가해지는 힘은 여전히 유효하며 오히려 더욱 정교하게 진화했다. 처벌 방법의 변화는 권력 행사의 전략 수정과 새로운 징벌 기술의 등장을 나타내는 징후일 뿐이다.

■ 권력이 된 지식: 아는 것이 정말 '힘'이다

푸코는 루쉐와 키르쉬하이머가 『형벌과 사회구조』에서 제시한 처벌 방식과 생산력과의 관계에 주목한다. 노예제 경제에서 처벌이 민간인을 노예로 만드는 것이었던 반면에 봉건사회에서 처벌은 일종의 재산이라고 할 수 있는 신체에 손상을 가하는 것이었다. 이후 상품경제 체제에서 노동력이 필요해짐에 따라 처벌은 형벌적인 수공업과 같은 강제노동의 형태를 취하게 되었다. 마침내 19세기 산업화 체계에 이르러 노동력의 자유시장이 등장하자 교정을 목적으로 한 구류가 적합한 처벌 방식으로 자리 잡게 되었다.[25]

그렇다면 권력은 어떻게 무력을 쓰지 않고 비가시적으로 대량의 신체를 성공적으로 포섭할 수 있게 되었을까? 푸코가 처벌의 역사를 통해 밝혀낸 현대적 권력의 특성은 미시 물리학과 정치 해부학으로 대표된다. 푸코는 권력의 성격을 기술할 때 '-학'의 용어를 빈번히 사용하는데 여기서 푸코가 언급하는 학문의 의미는 일반적인 학문의 의미와 다르다. 푸코의 '–학'은 권력이 된 지식 혹은 지식이 된 권력이다.

일반적으로 학문이란 어떤 분야를 연구하기 위해 필요한 개념 및 방법과 그러한 활동에 의해 산출된 체계적 지식을 의미한다. 하지만 푸코는 학문, 지식, 진리라는 단어가 환기시키는 투명하고 순수한 성격을 경계했다. 지식을 탐구하고 진리를 도출하는 과정에서 외부 요소의 영향이 반영될 가능성을 배제할 수 없기 때문이다.[26)]

푸코는 일체의 권력 작용이 배제된 투명하고 순수한 진리를 산출하는 학문의 존재에 대해 회의적이었다. 학문은 일종의 권력이다. 지식과 권력은 서로가 존립하기 위한 필요조건이다. 지식은 권력에 의해 이익을 취해 권력의 목적에 부합하는 새로운 지식을 생성하며 권력은 그런 지식을 이용해 지배 정당성을 강화하는 데 사용한다. 이처럼 권력과 지식의 상호적인 원조관계는 상생을 위한 전제조건이다. 권력은 지식을 기반으로 힘을 행사할 수 있으며 지식은 권력 없이 체계를 갖출 수 없다.[27)] 따라서 미시 물리학과 정치 해부학은 분과학문의 지식 체계라기보

다는 권력이 채택한 주요한 전술이자 그 자체가 권력이라
할 수 있다.

■ 미시물리학의 점조직적 편재성: 산소 같은 권력

푸코에 따르면 권력은 신체의 생산성을 향상시킨다는
점에서 경제적인 힘이며 체력을 복종시킨다는 점에서 정
치적인 힘이다. 권력은 신체에 관한 지식과 체력의 통제
로 이루어진 정치적 기술을 바탕으로 비폭력적인 방식으
로 위화감 없이 신체적 수준에서 체류하는 복종의 강제를
만들어 낸다. 푸코는 이렇게 정치경제적인 논리로 신체를
주도면밀하게 제제하고 순종시키는 일련의 권력 작용을
미시 물리학이라 명명한다. 미시 물리학은 국가 기구와
제도의 물질성과 힘을 신체에 주입하는 과정에 관여하는
체계화된 지식의 습득과 동작의 훈련으로 구성된다. 미
시 물리학의 권력, 즉 미시 권력은 소유, 양도, 박탈이 불
가능하다. 미시 권력은 그 자체가 전략이자 불안정한 정
세 속에서 끊임없이 작용하고 있는 관계망이며, 배열, 조

작, 진술에 의해 효과를 내는 것이다.[28] 이처럼 미시 물리학이란 하찮은 것조차 세세히 규정하는 규율과 연관된 여러 제도들로 하여금 개개인의 신체를 정치적으로 공격하게 하는 세부적인 양식이다.[29]

미시 권력이 수단으로 삼는 국가 제도와 기구는 개인의 일상에 깊숙이 관여하고 있기 때문에, 권력의 영향권과 사적인 영역 사이의 경계가 모호해진다. 이런 의미에서 푸코는 미시 물리학에 기초하는 권력이 개체 중심적이라고 언급한다.[30] 이것은 개인의 신체가 미시 물리학에 의해 개별적으로 점유 당한다는 뜻이며, 따라서 미시 권력의 통사론적 성질은 점격(點格)이라 할 수 있다. 그렇다면, 미시 물리학에 의해 발동되는 미시 권력의 실체적 특성을 일컬어 '점조직적 편재성'이라 할 수 있다.

이러한 미시 물리학의 점조직적 편재성은 개인의 사적 영역과 권력의 영향권 사이의 경계를 모호하게 만드는 결과를 초래한다. 푸코는 현대적 권력의 일망감시 체제를 설명하기 위해 제레미 벤담이 설계한 '파놉티콘'을 인용한바 있다. 혹자는 이에 대한 응용 개념으로 상호 감시 체제를 의미하는 시놉티콘을 제시하기도 한다.[31] 이것은 적절한 응용 개념이지만 엄밀히 말해서 미시 물리학의 장에는 감시자와 수감자를 구분할 수 있는 창살 자체가 존재하지 않는다. 미시 물리학 속의 개인은 일망 감시나 상호 감시를 초월해, 자신이 스스로를 감시하고 또 자신에 의해 스스로가 감시받는 그러한 존재로 구조되기 때문이다.

■ 규율권력의 극대 단일화: 신체를 완전히 지배하다

미시 물리학이 권력의 실체적 특성에 관한 것이라면 정치 해부학은 권력의 구체적 전술에 관한 것이다. 하지만 푸코는 미시 물리학과 정치 해부학을 명확히 구분하지 않는데 그 까닭은 이 두 개념이 차별화되기보다는 공유하는 점이 더 많기 때문이다. 미시 물리학과 정치 해부학의 공통분모는 규율이다. 규율은 현대적 권력의 정수로 권력의 본체를 형성하는 지식 체계와 역학 관계의 산물이다. 또한 규율은 신체를 공격하는 전술로서의 정치 해부학과 인문과학의 지식이 빚어낸 권력의 특별한 기술이다. 여기서

현대 시각문화의 이해

인문과학이란 문학, 역사, 철학이 아니라, 신체적 활동을 측정하고 수치화된 자료를 산출하는 일련의 학문을 의미한다. 따라서 규율은 신체를 대상으로 한 세부적인 지식 및 전술 체계이자, 신체를 예속화하는 권력, 즉 '규율권력'이라 할 수 있다.

푸코는 규율권력이 다음의 세 가지 점에서 과거의 노예제, 주종관계, 봉건제도, 수도원 혹은 군대에 존재했던 규제들과 다르다고 언급한다. 첫째, 통제 규모 면에서 몸 전체를 거시적으로 다루는 것이 아니라 신체를 각 요소로 세분화하여 기계적 차원에서 분석하고 동작과 자세를 정교하게 통제한다. 둘째, 통제 대상으로 행동의 의미나 신체의 표현 형식 등의 관념적 기호 대신 신체의 경제성, 유효성, 내적구성 등의 물리적 체력을 표적으로 삼는다. 셋째, 통제 방식에서 결과가 아닌 과정에 중점을 두고 빈틈없는 감시를 통해 계속해서 확고하게 유지되는 순종—효용성의 관계를 체력에 강제한다.[32]

이러한 규율권력의 속성은 신체를 공격하기 위한 일련의 전술 체계를 구성하는 동시에 그 자체가 권력으로 행사되는 신체의 정치 해부학을 구축한다. 정치 해부학에 의한 권력적 효과는 한 측면에서 신체와 정신을 최대한 확장시키는 동시에 다른 한 측면에서 그것들을 단조롭게 만드는 것이다. 따라서 이러한 효과를 규율권력의 '극대 단일화'라고 부를 수 있다.

푸코에 의하면 규율권력은 신체가 더욱 충실하게 복종할수록 권력에 의해 보다 효용성 있게 사용되는 관계뿐 아니라 그 역도 성립하는 관계를 구성한다. 규율권력은 신체의 세부적 구성과 활동에 기준을 부여하고 예측대로 조종하는 강제권의 정치학의 토대가 된다. 정치 해부학이란 이 지점에서 형성되는 공격 양식으로 규율을 바탕으로 정해진 속도와 절차를 통해 목표에 부합하는 과업을 수행하도록 신체를 재단하고 개조하는 권력의 전술이다.

규율권력은 경제적 측면에서 효용성 증가를 위해 신체의 힘을 강화시키지만 강해진 신체는 오히려 더 순종적으로 규율권력에 복종할 뿐이다. 신체의 힘과 효율이 증가할수록 신체가 더 온순해지는 것이다. 신체의 힘이 규율에 의해 신체로부터 분리되는 것은 노동 생산물이 경제

적 착취에 의해 노동력으로부터 분리되는 것과 같은 이치
다.[33] 결국 모든 것이 자본주의의 논리에 의해 작동하고
있는 것이다.

3)
눈과 미디어의 만남

■ **훈육: 신체와 도구의 결합**

푸코에 따르면 규율의 요소는 제도권 교육 과정에 개입하여 훈육을 통해 개인의 신체를 지배한다.[34] 다시 말해, 훈육이란 규율권력이 신체의 생산성을 향상시키기 위해 세부적으로 표준화된 개인을 형성시키는 비가시적인 과정이다. 훈육은 단순히 신체 자체의 효용성을 증대시킬 뿐만 아니라, 도구와 유기적 결합에 의해 신체의 힘을 확장시키기도 한다. 푸코에 의하면 객체와 그것을 조작하는 신체 사이에 지켜져야 할 다양한 관계가 세부적으로 정립

됨으로써 신체–객체의 유기적 연결이 성립된다. 이때 훈련은 신체와 객체 사이에서 맞물려 돌아가는 정밀한 톱니바퀴 장치가 되며 이를 통해 신체의 도구적 체계화가 이루어진다.[35] 요컨대 개인은 훈육을 통해 도구와 결합된 신체적 능력과 태도를 갖게 되는 것이다.

신체는 도구와의 결합을 통해 다양한 기능을 수행할 수 있게 되지만 즉시 새롭게 형성된 질서 체계 속에서 규율에 예속된다는 점에서 '극대 단일화'된다. 푸코는 신체 각 요소들 간의 관계를 분석한 방대한 자료를 토대로 분류를 통해 범주를 구분하고 평균값을 산출하여 규범을 정립시키는 비교측정체계를 구축한다는 점에서 규율을 혁신적인 기술로 평가한다.

푸코는 이러한 비교측정체계에 기반을 둔 규율권력이 '상승 지향적인 개인화'를 '하강 지향적인 개인화'로 전환시킨다고 지적한다. 과거 봉건제도 하에 군주권이 행사되던 시대에 권력을 가진 사람은 가문, 의식, 사치, 영웅담, 기념비, 유산 등에 의해 차별화되는 개인으로 여겨졌다. 하지만 주종관계가 규율에 의해 대체되고 권력이 미시적으로 변하게 되자 개인화되는 사람은 '정상'을 기준으로 일탈로 간주되는 사람들, 예를 들어 어린이, 광인, 범죄자 등의 소수자들이 그 대상이 되었다. 이처럼 정치 해부학이 지배하는 시대에는 인간을 탐구하는 과학에 의해 신체와 정신에 대한 지식이 확장되지만 역사적 개인성은 빈곤해지며, 그 결핍은 계량 가능한 것들에 의해 채워진다.[36] 이러한 점에서 개인의 경험과 기억이 점유하는 영역의 절댓값은 증가하는 반면에 개인 고유의 영역은 수축되고 전체가 공유하는 단조로운 격자가 빈자리를 대신하게 된다.

■ 스펙타클: 시각문화를 통제하는 규율권력

푸코는 규율권력과 자본주의의 관계에 대해 다음과 같이 서술한다. 인간의 축적과 자본의 축적은 서로 밀접하게 관련되어 있으며 상호적인 참조를 통해 진화한다. 보다 많은 자본의 축적과 증식을 위해 경제적 발전이 이루어졌듯이, 인간을 대규모로 집적하고 효율적으로 활용하기 위해 정치적 발전이 이루어진 것이다. 이 정치적 발전이란 과거 비효율적이고 무력적인 형태의 권력으로부터 세련되고 전략적인 기술체계로의 전환이다. 계속해서 늘어나는 인구문제를 해결하기 위해 인간을 생산적으로 다룰 수 있는 장치의 확장이 필요했던 것이다. 축적된 인간을 효율적으로 다루는 기술은 자본의 축적 속도를 높인다. 이러한 맥락에서 대규모의 신체를 효과적으로 통제할 수 있는 수단으로 고안된 것이 규율권력이다. 즉, 규율은 자본주의 경제가 확대되는 과정에서 파생된 현대적 권력으로 그것을 토대로 구성된 정치 해부학은 여러 가지 정치체제, 기구 그리고 제도를 통해 구현된다.[37]

드보르의 스펙타클 개념은 바로 이 지점에서 푸코의 규율권력에 상응한다. 드보르는『스펙타클의 사회』에서 첫 번째 테제로 "현대적 생산조건들이 지배하는 사회에서 모든 삶은 스펙타클의 거대한 축적물로 나타난다"[38]는 것을 제시한다. 이는 마르크스의『자본』에 나오는 문장을 전용한 것으로 원문의 내용은 "자본주의적 생산양식이 지배적인 사회의 부는 상품의 거대한 집적으로 나타난다"[39]이다. 이처럼 스펙타클의 축적이란 자본주의 사회에서 상품의 집적에 의해 대두된 것이다. 드보르는 스펙타클이 "고도로 축적되어 이미지가 된 자본"[40]이라 주장한다. 또한 드보르는 스펙타클의 정치경제학에 대해 다음과 같이 서술한다.

상품은 산업혁명, 제조업의 분업과 세계시장을 겨냥한 대량생산과 함께 사회생활을 실제로 점령하려는 하나의 세력으로서 모습을 드러낸다. 정치경제학은 바로 이 시기에 주된 학문이자 동시에 지배의 학문이된다.[41]

드보르가 언급한 정치경제학은 푸코의 정치경제학과 자본의 논리 속에서 동일한 맥락에 위치한다. 다시 말해, 푸코의 규율권력이 자본의 대규모 축적에 따라 누적된 신체를 효율적으로 관리하기 위한 정치경제적 발전의 일환이었듯이, 드보르의 스펙타클 역시 고도로 축적된 이미지를 효율적으로 통제하고 생산적으로 다루기 위한 정치경제학적 진화의 산물이다.

결국 스펙타클은 푸코의 규율권력과 동일한 범주에 속하게 된다. 또한, 스펙타클은 '규율권력의 통제 대상은 신체이다'라는 푸코의 주장과 결부된다. 그렇다면 '모든 시각은 신체에 포함된다'는 기본적인 명제에 입각하여 '스펙타클은 시각문화를 통제하는 규율권력이다'라는 진술이 가능하다.

■ 눈 + 시각 매체 = 생산적인 이미지 소비 기계

'신체를 통제하고 활용하기 위해 일련의 사소한 것들을 꼼꼼하게 관찰한 끝에 얻어낸 총체적인 자료, 기술, 이론들로부터 태어나게 된 것은 다름 아닌 현대적 휴머니즘의 인간'이라는 푸코의 주장에 의거해 신체의 일부인 시각에 관해서도 동일한 진술이 가능할 것이다.[42] 푸코의 주장을 전용하면 '시각을 제어하고 이용하기 위해 신체 시각의 다양한 생리적 현상을 정교하고 치밀하게 탐구하고 측정한 결과 산출된 방대한 수치와 연구 결과물로부터 형성된 것이 현대적 관찰자'이다. 마찬가지로 권력에 예속된 인간의 의식을 의미하는 푸코의 '영혼' 개념에 입각해 시각문화 권력인 스펙타클에 종속된 관찰자의 의식을 의미하는 '관객성'을 다음과 같이 정의할 수 있다.

관객성은 인간 속에 들어가 살면서 인간을 볼 수 있게 만드는 것이고, 그것은 스펙타클이 육안에 대해 행사하는 지배력 안의 한 부품인 것이다. 관객성은 정치적 해부술의 성과이자 도구이며, 또한 그것은 육안의 감옥이다. [43]

마지막으로 신체와 도구의 결합에 관한 푸코의 주장은 눈에 대해서도 동일하게 적용될 수 있다. 푸코에 따르면 "권력이 신체에 더하려는 물체는 다름 아닌 생산기구다. 이로써 신체는 복합체로 거듭나는데 그것은 병기의 신체, 도구의 신체, 기계의 신체다." [44] 따라서 생산기구로서의 미디어와 결합된 눈은 시각문화 권력이 지향하는 자본주의의 목표에 부합하기 위해 병기의 육안, 도구의 육안, 기계의 육안이 된다. 이처럼 관찰자의 눈이 갖춰야 할 특정 시각적 태도 및 능력이 미디어와의 결합에 의해 생성된다고 할 때 이를 의미하는 개념어 역시 필연적으로 복합 명사로 거듭나게 되는바 이것이 바로 현대적 '미디어 관객성'이다.

제 3 장

현대 이미지의 진화
: 가상과 실재의
구분이 모호해지다

현대 시각문화는 강화된 자본주의 논리에 의해 인간이 실현한 모든 것의 기준이 소유에서 가상으로 전환되는 스펙타클에 종속된다. 시각을 중심으로 무한한 생산, 복제, 소비, 교환, 유통이 이루어지는 현대적 질서 체계가 구축된다. 이제 일상적인 것들까지 모두 하이퍼리얼리티로 대체된다. 보드리야르의 하이퍼리얼리티 개념은 원본과 모조품의 이분법이 적용되지 않는다는 점에서 미메시스와 근본적으로 다르며 미술사조에서 언급되는 하이퍼리얼리즘과 구분되어야 한다.

시뮬라크르의 질서 체계는 3단계로 진화하는데 제3 질서 체계에서 실재와 상상의 거리가 소멸되고 정보 모델과 정보통신기술을 숙주로 삼아 시뮬라크르가 제작되며 이때 시뮬라크르 제작자는 완전 조작과 전체 통제를 목표로 한다. 여기서 생산되는 시뮬라크르는 원본 실재에 의존하지 않는 하이퍼리얼리티라는 점에서 넓은 의미의 시뮬라크르와 구분된다. 이미지는 계속해서 진화하여 모든 사실성으로부터 선탈(蟬脫)하여 그 자체로 존립 가능한 시뮬라크르, 즉 하이퍼리얼리티가 된다. 이것은 이미지의 살상력과 재현력에 의해 기호와 실재의 동등한 교환을 보증했던 신이 시뮬라크르에 의해 대체되는 과정에서 발생한다.

함열은 시뮬라크르 질서 체계의 최종 진화 단계에서 가상의 생산성이 폭발적으로 증가하는 현상이다. 함열점에서 실재는 추상화 작용에 의해 함수·사상·변환을 거쳐 고립된 알고리즘 속에서 무한히 발산하는 하이퍼리얼리티로 거듭난다. 함열은 스펙타클의 사회를 구축하는 핵심 원리인 추상화에 의해 야기되는 역설적 현상이자 자본의 논리에 더할 나위 없이 잘 부합하는 극한의 생산 작용이다.

1)
하이퍼리얼리티: 진품 없는 모조품

■ '시뮬라크르'의 어원

오늘날 우리가 받아들이는 정보의 대부분이 이미지로 구성되어 있다. 사진과 동영상을 간접 체험한 것처럼 현실로 거리낌 없이 받아들인다. 이처럼 현대 시각문화의 특징 중 하나는 이미지가 현실을 대체하는 현상이다. 철학자 장 보드리야르는 『시뮬라시옹』에서 이러한 현상 뒤에 숨겨진 진실을 적나라하게 파헤친다.

보드리야르 사상을 살펴보기 전에 형이상학적 전제가 하나 필요하다. 형이상학metaphysics이란 영어로 넘어

선다는 뜻의 'meta'와 물리학이라는 뜻의 'physics'가 결합한 말이다. 우리 눈에 보이는 세계가 물리학physics의 세계라면 그 너머meta에 있는 궁극적 실체와 진리가 있는 곳이 형이상학metaphysics의 세계이다. 형이상학적 전제란 어떤 대상의 본질이 관념적이든 물질적이든 혹은 그것을 인식할 수 있든 없든 어딘가에 더 이상 그 기원을 찾아 거슬러 올라갈 수 없는 고유한 원본으로서의 '실재'가 존재한다는 것이다. 이것을 전제로 '시뮬라크르'를 정의할 것인데 사실 시뮬라크르는 보드리야르가 최초로 제시한 개념이 아니다. 문학비평용어사전에 따르면 시뮬라크르의 어원과 정의는 다음과 같다.

플라톤 철학이 제시한 최초의 의미로서의 시뮬라크르는 가짜 복사물을 일컫는 말로서 그들이 추구하는 본질로서의 이데아와 대조되어 부정적인 의미를 내포하고 있다. 그러나 이 개념은 후에 현대 철학자들에 의해 새로운 의미를 형성하게 되는데 그 첫 번째가 바로 들뢰즈이다. 질 들뢰즈는 시뮬라크르 속에 내면

화된 발산하는 두 계열들 중, 그 어느 것도 원본이 될 수 없으며 그 어느 것도 복사본이 될 수 없다는 이론을 전개한다.[45]

플라톤과 들뢰즈는 공통적으로 시뮬라크르를 기본적으로 어떤 원본 대상으로부터 복제된 것으로 언급한다. 시뮬라크르란 실재의 복사(물), 인공(물), 대체(물), 파생(물) 등을 의미하는 것이다.[46] 여기서 대상이란 관념, 행위, 사물을 모두 포함하기에 '물'을 괄호 안에 넣은 것이다. 또한 '시뮬라시옹'은 시뮬라크르의 동사적 의미를 갖는 명사로 원본 실재를 인공(물), 복사(물), 대체(물), 파생(물)으로 만드는 '작업'이다.

그런데 플라톤과 들뢰즈 개념의 중요한 차이점이 있다. 플라톤이 언급한 시뮬라크르는 원본보다 열등한 모조품이다. 하지만 질 들뢰즈의 시뮬라크르는 원본과 동일한 모조품이기 때문에 두 개의 원본 혹은 두 개의 모조품이 존재하게 된다. 여기서 후자가 장 보드리야르의 '시뮬라크르' 개념, 특히 '하이퍼리얼리티'에 해당한다.

■ '하이퍼리티'의 정의

보드리야르의 시뮬라크르는 단순히 원본을 따라하고 모방한 것이 아니다. 보드리야르의 시뮬라크르는 들뢰즈의 원본과 동일한 모조품에서 한 단계 더 발전한 것으로 원본이 존재하지 않는 모조품이며 따라서 원본이나 다름없는 모조품이다. 정리해 보면 먼저 넓은 의미의 시뮬라크르란 '원본 실재'를 베낀 모조품이다. 하지만 좁은 의미의 시뮬라크르는 원본으로부터 떨어져 나와 독립해 버린 '하이퍼리얼리티'이다. 보드리야르는 하이퍼리얼리티를 만드는 작업에 대하여 다음과 같이 언급한다.

실재는 이제는 조작적일 뿐이다. 사실 이것은 더 이상 실재에 대한 문제가 아니다. 왜냐하면 어떠한 상상 세계도 더 이상 실재를 포괄하지 않기 때문이다. 실재는 대기도 없는 파생공간 속에서 조합적인 모델들로부터 발산되어 나온 합성물인 파생실재이다.[47]

현대 시각문화의 이해

보드리야르의 사상은 종종 SF 영화 〈매트릭스〉의 세계관으로 언급되곤 한다. 하지만 보드리야르의 『시뮬라시옹』은 앞으로 도래할 미래사회에 대한 예언서가 아니라 지금 이곳에서 우리가 겪는 일상적인 시각 경험에 관한 다큐멘터리다. 보드리야르가 책에서 제시한 사례는 20세기에 실제로 일어났던 사건들이며 그의 하이퍼리얼리티 개념 역시 우리가 현재 직접 경험하는 현실의 한 측면이다.

인스타그램 사진으로 친구의 근황을 확인하는 것부터 유튜브 동영상을 통해 뉴스를 접하는 것까지, '이미지가 현실을 대체한다'는 것은 이제 비유가 아닌 사실 명제이다. 점차 현실에서도 원본 실재의 진정성이 사라진다. 현실에서의 총체적 경험이 지닌 본질이 소멸하고 형식만 남는다. 이렇게 현실에서 경험하는 것이 진실함을 잃게 되면 하이퍼리얼리티가 되는 것이다. 겉으로는 그 차이를 구분할 수 없지만 현대인들이 풍부함 속에서 오히려 공허함을 느끼며 더 많은 자극에 몰두하고 있다는 것이 이를 방증(傍證)한다.

■ 하이퍼리얼리티 vs 하이퍼리얼리즘

하이퍼리얼리즘 미술이 원본과 모조품의 경계를 해체하려 한다면 보드리야르의 하이퍼리얼리티는 한발 더 나아가 모조품이 원본을 집어삼킨다. 하이퍼리얼리즘은 참조 대상을 갖지만 하이퍼리얼리티는 그 자체가 원본이고 모조품이다. 하지만 단어의 유사성으로 인해 보드리야르의 '하이퍼리얼리티'와 미술에서의 극사실주의를 의미하는 '하이퍼리얼리즘'을 혼동하기 쉽다. 두 단어에 공통적으로 포함된 접두사 'hyper'를 사전적 번역에 의해 정상을 초과한다는 의미로 해석할 경우 두 개념 사이의 차이가 모호해진다. 문학비평용어사전에 따르면 하이퍼리얼리즘의 정의는 다음과 같다.

주관을 극도로 배제하고 사진처럼 극명한 사실주의적 화면 구성을 추구하는 예술양식. 1960년대 후반부터 1970년대 전반까지 미국과 유럽의 회화 장르를 중심으로 유행했으며, 슈퍼리얼리즘, 포토리얼리즘,

래디컬리얼리즘으로도 불린다.[48)]

이처럼 미술사조로서 언급되는 하이퍼리얼리즘이란 사진과 구분이 되지 않을 정도로 대상을 실물과 똑같이 그려 내는 것을 뜻한다. 이렇게 그려진 작품을 '리얼리즘'이 아닌 '하이퍼리얼리즘'으로 부르는 까닭은 그림 속 이미지가 우리가 대상을 실제로 보는 것보다 훨씬 더 세밀하고 또렷하기 때문이다.

예를 들어 하이퍼리얼리즘 작가 론 뮤익의 표현 기법 중 하나는 사람과 똑같은 모습의 거대한 조각을 만드는 것이다. 뮤익은 거대 조각에 얼굴의 피부 질감, 주름 및 머리카락, 눈썹까지 세밀하게 표현한다. 관람객은 뮤익의 작품을 관찰하며 이 신체 조각이 놀라울 정도로 사실적이라는 인상을 받는 동시에 그 거대한 크기로 인해 비현실적이라고 생각하게 되는 역설에 빠진다. 이것이 역설인 이유는 얼핏 보면 일리가 있고 그럴듯하지만 따지고 보면 분명한 모순이기 때문이다.

하이퍼리얼리즘의 역설은 원본과 모조품 사이의 플라톤

적인 위계를 뒤집는다. 원본을 충실히 베낄수록 훌륭한 모조품이라면 원본보다 더 사실적인 모조품은 원본과 동일한 것일까 아니면 원본과 다른 것일까? 이렇게 하이퍼리얼리즘은 원본을 과도하게 사실적으로 묘사함으로써 전통적인 미메시스의 기준에 대한 근본적인 의문을 던진다.

대상을 사실적으로 묘사하는 예술 사조는 사진이 발명되기 전부터 퇴조하기 시작했으며 하이퍼리얼리즘이 대두된 1960년대는 이미 사진이 널리 보급된 후였다는 것에 주목해야 한다. 그렇다면 왜 하이퍼리얼리즘 작가들이 사진기로 간단히 할 수 있는 작업을 굳이 시간과 노력을 들여 작품으로 표현하려 했는지 의문이 생길 것이다. 여기에는 이중의 트릭이 존재한다.

먼저 일반적으로 관찰자 입장에서 실물이 극도로 자세히 묘사된 작품을 보았을 때 갖게 되는 생각은 '진짜 같다'이다. 아울러 관찰자는 대상을 이렇게 '사진처럼' 똑같이 그릴 수 있는 작가의 테크닉에 감탄하며 나아가 미메시스의 기준에 관한 나름의 미학적 견해를 표출하기도 한다. 이런 무의미한 토론에 관심이 집중되는 동안 진실로 논쟁의 대상이 되어야 할 진짜 문제는 비판의 장으로부터 슬쩍 빠져나간다.

여기서 진짜 문제란 일차적으로 재현의 리얼리티를 평가하는 기준을 이미지의 선명함과 세밀함에 두는 잘못된 고정관념이다. 이러한 문제는 사진기에 의해 육안이 전유된 것에 기인한다. 생리학적으로나 물리학적으로나 눈과 사진기는 몇 가지 단순한 원리 외에 서로 공유하는 바가 거의 없다. 인문학적으로도 카메라 옵스큐라의 관찰자는 이미 사진기가 발명되기 전에 끝난다. 더군다나 오늘날에는 기술의 발달로 사진기의 화소, 셔터 속도, 밝기 및 배율 등이 우리 눈의 한계를 훨씬 넘어선다. 그럼에도 불구하고 사람들은 여전히 사진기의 렌즈가 우리 눈과 흡사하다고 생각하며 심지어 고성능 DSLR 카메라가 우리 눈보다 더 정확하게 실물을 재현한다고 생각한다. 요컨대 실재를 인식하는 기준에 있어서 인간의 육안이 사진기의 렌즈에 의해 전도된 것이다.

이로써 야기된 진짜 문제의 본질은 사람들이 미메시스의 적확(的確)함에 치중하는 동안 정작 미메시스의 원본 실재가 어떠한지에 대해 반성적으로 사유할 필요성을 느끼지 못하게 된다는 점에 있다. 그 원본 대상의 존재 여부조차 확실하지 않은데도 우리는 미디어를 통해 전달되는 극사실적인 이미지를 현실로 받아들이는데 아무런 거리낌이 없다. 하지만 우리 눈은 현미경이 아니기에 현실에서 그런 모습을 볼 수 없다. 하이퍼리얼리즘 예술가들은 바로 이러한 세태, 즉 하이퍼리얼리티가 잠식한 현실을 반성하지 않는 태도를 비판하고자 인간의 눈이 볼 수 없을 정도로 과도하게 대상을 자세히 묘사했던 것이다.

2)
시뮬라크르의 세 가지 질서 체계:
모조품에도 등급이 있다

■ 시뮬라크르의 세 가지 등급

가짜 명품 시계에도 등급이 있다. 대충 봐도 티가 나는 싸구려 가품이 있는 반면 자세히 봐야 알 수 있는 A급 가품도 있다. 심지어 시계를 분해해서 내부 동력장치를 봐야 알 수 있는 S급 제품도 있다. 현실을 가장하는 시뮬라크르에도 등급이 있다. 보드리야르는 시뮬라크르를 생산하는 체계를 진화 단계에 따라 세 가지로 분류한다. 높은 단계로 갈수록 식별이 어려워진다.

보드리야르에 의하면 제1 질서 체계는 "이미지, 모방,

위조 위에 세워지고, 조화로우며 낙관주의자적이고, 신의 이미지에 따라 자연의 이상적인 회복과 그 이상적인 제도를 목표로 하는 자연적이고, 자연주의자들의 시뮬라크르들"이 존재하는 곳이다. 제2 질서 체계는 "에너지와 힘 위에, 기계에 의한 물질화 위에, 그리고 모든 생산 시스템 속에 세워진 생산적이고 생산주의자들의 시뮬라크르들"이 제작되는 곳이다. 여기서 시뮬라크르 제작자는 "끝없는 에너지의 해방과, 세계화 그리고 지속적인 팽창의 프로메테우스적인 목표"를 추구한다. 마지막으로 제3 질서 체계는 "정보 모델, 정보통신학적 게임 위에 세워진 시뮬라시옹의 시뮬라크르들"에 의해 지배되는 곳이다. 이곳은 시뮬라크르 제작자의 "완전한 조작성, 파생실재성, 완전한 통제 목표"가 실현되는 곳이다.[49]

다음의 표는 보드리야르의 이론을 응용해 '실재와 상상의 거리', '시뮬라크르의 숙주', '시뮬라크르 제작자의 목표'라는 세 가지 기준에 따라 단계별로 질서 체계를 도식화한 것이다.

구분기준 질서 체계	실재와 상상의 거리	시뮬라크르의 숙주	시뮬라크르 제작자의 목표
제1 질서	극대화	모조품 위조품 이미지	신 자연 제도
제2 질서	급감	힘·에너지 생산 시스템 기계 공산품	생산·효율 해방·팽창 프로메테우스
제3 질서	함열	정보 모델 정보통신기술	완전 조작 파생 실재 전체 통제

시뮬라크르의 3단계 질서 체계

■ **시뮬라크르의 등급을 나누는 기준: 상상력, 숙주, 제작자**

시뮬라크르의 질서 체계를 분류하는 첫 번째 기준은 '실재와 상상의 거리'이다. 상상력은 현실을 뛰어넘는 이미지를 만드는 능력이며 상상과 실재의 거리는 상상력의 존립 기반이다. 실재와의 거리가 멀수록 상상이 팽창하며 거리가 좁을수록 상상이 수축하고 거리가 0이 되면 상상은 소멸한다. 실재와 일치하는 상상은 현실과 다를 바가 없으며 상상으로서 아무런 의미를 갖지 못하기 때문이다.

시뮬라크르의 질서 체계를 분류하는 두 번째 기준은 '숙주'다. 숙주란 기생충이 기생하거나 공생하는 생물을 말한다. 현실에 존재하는 원본 대상이 숙주라면 이것을 베낀 시뮬라크르는 기생충이다. 시뮬라크르가 기생하는 숙주는 물건일 수도 있고 행위일 수도 있고 생각일 수도 있다. 그것은 예술 작품 혹은 예술 행위일 수도 있고 물리적인 힘 혹은 물건, 기계일 수도 있으며 기술, 정보, 모델 등의 비물질적인 체계일 수도 있다.

대부분의 숙주는 기생충과 상호 의존적인 공생의 관계를 맺기 보다는 기생충에 의해 일방적으로 착취당한다. 시뮬라크르는 기생충처럼 실재에 침투하여 실재를 갉아먹은 다음 또 다른 실재를 찾아 이동한다. 시뮬라크르가 높은 단계로 진화하면 원본이었던 실재는 시뮬라크르에 의해 뜯어 먹혀 멸종하고 결국 시뮬라크르만 남는다.

시뮬라크르 질서 체계를 분류하는 세 번째 기준은 '시뮬라크르 제작자'이다. 시뮬라크르 제작자는 시뮬라시옹을 통해 사회 전반을 통제하는 막강한 권력을 행사한다. 여기서 권력 행사의 주체는 중세 시대의 교황, 절대왕정 시대의 군주, 현대의 부르주아, 혹은 오늘날 재벌, 정치인 등이 아니다. 시뮬라크르 제작자의 정체는 자본 그 자체이다. 자본은 사회 전체에 편재하는 권력의 주인이다.

그렇다면 자본에 악의가 있는가? 역설적으로 바로 그러한 생각 때문에 자본이 더 큰 힘을 갖게 되는 것이다. 보드리야르는 이러한 자본의 역설에 대해 다음과 같이 기술한다.

사람들은 이 도덕과 경제의 등가라는 계약사상을 자본에 돌린다. 그러나 자본은 이 계약사상에는 전연 관심이 없다. 자본은 괴물 같은 기업이다. 원칙도 없으며, 오직 한 가지, 그게 전부다. 자본에 규칙을 강제하면서 자본을 통제하려고 하는 것은 바로 계몽된 사상이다. 그리고 혁명적 사상을 대변하는, 자본에 대한 모든 비난은 오늘날 자본이 놀이 규칙을 따르지 않는다고 다시 비난한다.[50]

보드리야르는 여기서 자본을 둘러싼 영원히 끝나지 않는 이념 논쟁의 근본적인 원인을 지적하고 있다. 자본은 스스로 권력 행사와 통제의 방향을 결정하지 않는다. 자본은 가치 판단을 하지 않는다. 자본은 그 자체가 사실 관계이며 자기 지시적 존재다. 하지만 자본을 통제하려는 순간 자본은 그보다 더 강력한 자율성을 획득할 것이고 자본을 해방시키려는 순간 자본은 더 깊숙이 파고들어 은둔할 것이다.

■ 시뮬라크르 제1 질서 체계: 풍부한 상상력과 유토피아

'제1 질서 체계'에서 실재와 상상은 가장 멀리 떨어져 있다. 이는 상상력이 극대화된다는 뜻이다. 여기서 상상은 초월적이고 환상적인 유토피아의 이미지를 그려 낸다. 이 세계는 조화롭고 긍정적이고 변하지 않는 장소이자 아무런 고통이나 괴로움이 없이 행복하고 즐겁게 살 수 있는 곳이다. 제1 질서 체계에서 시뮬라크르가 기생하는 숙주는 이러한 유토피아를 묘사한 이미지이다. 여기서 시뮬라크

현대 시각문화의 이해

르는 가장 행복하고 아름다운 이상 세계의 모습을 베낀다.

제1 질서 체계에서 시뮬라크르 제작자의 목표를 한 마디로 정의한다면 절대 진리의 수호라고 할 수 있다. 그 절대 진리란 소위 신, 자연 등으로 불리는 더 이상 소급할 수 없는 형이상학적, 존재론적, 초월적 존재다. 그것은 현실 세계에서 완전무결하고 유일한 실재이며 감히 범접할 수 없는 경외의 대상으로 재현된다. 만약 무신론자라면 이상적이라고 생각하는 이념적 제도가 절대 진리가 된다. 이러한 신, 자연, 제도를 지키는 것이 제1 질서 체계에서 시뮬라크르 제작자가 몰두하는 중요한 목표이다.

■ 시뮬라크르 제2 질서 체계: 상상력의 감소와 공상과학의 세계

'제2 질서 체계'에서는 실재와 상상 간의 거리가 급격히 줄어든다. 보드리야르는 다소 약해진 상상력이 그려내는 세계를 공상과학이라 일컫는다.[51] 제1 질서 체계의 유토피아가 현실을 초월한 이상향이라면 제2 질서 체계의 공상

과학은 현실을 있는 그대로 반영하는 극도로 투명한 세계라 할 수 있다.

인공지능을 탑재한 로봇이 사람들과 전쟁을 벌이거나 지구를 방문한 외계인들이 인간과 조우하는 내용의 SF 영화가 어떻게 현실을 있는 그대로 반영한 것인지 의문이 들 것이다. 하지만 공상과학에서 재현하는 세계야말로 현대의 과학 기술에 대한 맹목적인 신뢰가 낳은 지극히 현실적인 예측의 산물이다. 공상과학이 그리는 세계는 앞으로 과학기술이 이런 속도로 계속 진보한다는 가정하에 다음 세기에 일말의 의심 없이 실현될 것으로 생각되는 빈곤한 상상의 재현에 불과하다. 이것은 상상력이라기보다는 지루한 암산에 가깝다.

제2 질서 체계부터 본격적으로 자본주의가 작동하기 시작한다. 제2 질서 체계에서 시뮬라크르가 숙주로 삼는 것은 에너지와 힘을 원동력으로 하는 기계와 그것이 구축하는 생산 시스템 그리고 이것이 제작하는 물질화된 대상들이다. 여기서 시뮬라크르는 기계와 생산 시스템과 제품들을 가장해 생산성을 극도로 향상시킨다.

제2 질서 체계에서 자본주의와 만난 시뮬라크르 제작자의 주요 목표는 생산, 팽창, 해방이다. 자본주의에 물든 시뮬라크르 제작자는 그 어떤 성역이나 예외도 인정하지 않고 모든 것을 교환 가능한 대상으로 치환한다. 자본주의에서 양과 질의 관계는 트레이드 오프가 아니다. 값싼 싸구려 제품을 엄청나게 많이 파는 것도 좋고 소량의 고품질 제품을 매우 비싸게 파는 것도 좋다. 시뮬라크르도 마찬가지다. 실재와 유사한 무수히 많은 시뮬라크르를 생산하는 것도 좋고 실재와 거의 똑같은 감쪽같은 시뮬라크르를 생산하는 것도 좋다. 중요한 것은 오직 생산, 팽창, 해방일 뿐이다.

■ 시뮬라크르 제3 질서 체계: 상상력의 마이너스 증가와 일상의 알고리즘화

상상과 실재의 거리는 '제3 질서 체계'에서 완전히 수축하여 원점에 수렴한 뒤 마이너스로 증가한다. 상상력이 플러스로 증가한다는 것은 현실에 없는 대상을 많이 그려

낸다는 뜻이다. 상상력이 제로라는 것은 현실과 다를 바가 없는 틀에 박힌 사고를 한다는 뜻이다. 그런데 상상력이 마이너스로 증가한다는 것은 현실을 단순하고 예측 가능하며 반복되는 지루한 일상으로 만든다는 것이다.

모델들은 더 이상 초월성이나 투영을 구성하지 않으며, 더 이상 실재에 대한 상상을 구성하지 않는다. 그들은 그 자신들이 실재의 예견이며, 따라서 허구적인 어떠한 종류의 예견 여지도 남겨놓지 않는다. [52]

제3 질서 체계에서 시뮬라크는 최종 단계로 진화한다. 이때부터 시뮬라크르는 진품과 완전히 동일해지며 원본으로부터 분리되어 모조품 그 자체가 독립적인 지위를 갖는 하이퍼리얼리티가 된다. 하이퍼리얼리티는 현실에 존재하는 실재를 베껴 알맹이를 제거하고 껍데기만 남긴 채 증식한다.

앞에서 제시한 표를 자세히 보면 '시뮬라크르(O)'와 '시뮬라크르(∅)'의 괄호 안에 서로 다른 기호가 있다. 이것은 제1, 2 질서 체계의 일반적인 모조품 시뮬라크르와 제3 질서 체계의 시뮬라크르를 구분하기 위해 전자를 시뮬라크르(O)로 표기하고 후자를 시뮬라크르(∅)로 표기한 것이다. 시뮬라크르(O)는 원본에 기반을 둔 일반적인 모조품을 의미하며 여기서 대문자 'O'는 원본 대상 'Object'의 첫 글자를 따서 표기한 것으로 원본 실재가 존재함을 의미한다. 하지만 시뮬라크르(∅)는 하이퍼리얼리티(∅)와 동격이며 여기서 공집합 기호 '∅'는 원본 실재가 부재함을 의미한다. 즉, 원본 실재 없이 모조품이 모조품으로만 존재하는 것이 시뮬라크르(∅)이자 하이퍼리얼리티(∅)이다.

　제3 질서 체계에서의 시뮬라크르는 정보통신기술 위에 세워짐으로써 엄청나게 빠른 속도로 전파되어 사람들의 일상에 파고든다. 물건을 똑같이 제작하는 것이 빠를까 파일을 똑같이 복사하는 것이 빠를까? 당연히 후자다. 과거에 물리적인 제약에 의해 직접 보고 만지고 느껴야 했던 대부분의 것들이 정보모델을 통해 복제하기 편리한 형태로 진화한다.

　현실의 무수히 많았던 물질적인 것과 정신적인 것과 육

체적인 행위들이 알고리즘으로 통폐합된다. 정보통신 매체의 사용이 보편화되고 사람들이 과잉 정보의 즉각적인 자극에 익숙해짐에 따라 시뮬라크르가 사람들의 일상에 침투한다. 시뮬라크르는 이미지에 그치지 않고 물건, 행위까지 복제한다. 원래 물건이었던 것의 시뮬라크르는 동일하게 물건으로 존재하며 본래 행위였던 것의 시뮬라크르는 똑같이 행위로 존재한다. 이렇게 하이퍼리얼리티가 인간의 실제 삶의 일부로 혹은 전체로 자리 잡는다.

3)
함열: 실재의 소멸, 가상의 폭발

■ 이미지의 살상력: 성상 파괴주의

바미얀 석불은 아프가니스탄의 계곡 암벽에 새겨진 수십 미터 높이의 웅장하고 아름다운 부처상이었다. 그런데 20세기 말 아프가니스탄을 점령한 탈레반이 우상숭배 금지를 이유로 바미안 석불을 폭탄으로 모조리 파괴해 버렸다.

보드리야르에 의하면 성상 파괴주의자는 이미지를 폄훼했던 자들이 아니라 오히려 이미지에 정확한 가치를 부여한 자들이다. 성상 이미지가 신을 복제하고 급기야 신의 자리를 대신한다. 신이 인간의 의식에서 사라지고 세상에 존재하지 않게 된다. 이렇게 이미지는 그 자체가 광원이 되는 완벽한 시뮬라크르로 거듭난다.[53] 성상 파괴주의자는 시각적 재현물인 성상이 도리어 신을 대신하고 신보다 더 중요한 존재로 여겨지는 것이 두려워 그것을 파괴해 버린 것이다.

보드리야르에 따르면 이미지는 재현력과 살상력을 갖는다. 기호가 본질적인 의미를 나타내고 기호와 의미를 동등하게 교환 가능하게 만드는 것을 재현력이라 한다. 이것이 '기호-실재 등가의 원칙'이다. 하지만 시뮬라크르가 '기호-실재 등가의 원칙'을 무너뜨리자 더 이상 기호가 온전한 의미를 나타낼 수 없게 된다. 이것이 이미지의 살상력이다. 이미지의 살상력은 여기서 그치지 않고 본래 기호가 지시하는 의미가 가졌던 본질적 권리를 확보한다.[54] 보드리야르에 따르면 이미지는 다음의 4단계에 걸쳐 진화하여 살상력을 갖게 된다.

[1단계] 이미지는 깊은 사실성의 반영이다.
[2단계] 이미지는 깊은 사실성을 감추고 변질시킨다.

[3단계] 이미지는 깊은 사실성의 부재를 감춘다.

[4단계] 이미지는 그것이 무엇이건 간에 어떠한 사실성과도 무관하다: 이미지는 자기 자신의 순수한 시뮬라크르이다. [55]

1단계의 이미지는 신의 존재를 거룩하게 표현할 수 있는 재현력을 갖는다. 하지만 2단계의 이미지는 신의 피상적인 모습을 복재하고 고결함을 왜곡한다. 3단계의 이미지는 신의 부재를 은폐하고 신의 존재를 가장한다. 4단계에서 이미지는 신으로부터 완전히 독립하여 그 자체가 신이 되고 그것으로부터 또 다른 신들이 무한히 파생된다. 이것이 이미지의 살상력이다. 시뮬라크르가 신을 살상한 것이다.

우상 숭배 금지를 이유로 탈레반이 폭파시켜버린 바미안 석불의 파괴 전 모습. 지금은 마치 공사가 막 끝난 터널처럼 아주 깔끔하게 사라졌다.

출처: Bamiyan Buddhas Burnes, Alexander Burnes, Public domain, Wikimedia Commons.

■ 이미지의 성상파괴적 다다이즘: 마르셀 뒤샹

마르셀 뒤샹의 〈L. H. O. O. Q.〉는 모나리자를 다색으로 찍어 낸 저렴한 우편엽서 위에 수염을 덧칠하고 외설적인 의미를 갖는 문장으로 발음되는 글자를 써넣은 것이다. 독실한 가톨릭 집안에서 태어난 뒤샹은 종교에 대해 양가적 태도를 갖게 되었다. 뒤샹은 자신의 작품에 대해 '레디메이드와 성상 파괴적 다다이즘의 조화'라고 언급했다.[56] '성상 파괴주의적 다다이즘'이란 일종의 역설로 이미지의 살상력을 인정했다는 점에서 성상 파괴주의에 속하지만 성상 파괴주의자가 지키려 했던 신을 제거했다는 점에서 다다dada 즉, 무의미함을 추구한다.

뒤샹의 또 다른 문제작 〈샘〉은 당시 현대 미술계에 큰 파문을 불러왔다. 원래 미국 독립 미술가 협회는 독립 작가들을 양성하고 새로운 미술을 부흥시키기 위해 조직되었다. 이 협회는 1917년 4월 첫 전시회 개최를 앞두고 단돈 6달러만으로 모든 작가들에게 작품을 전시할 기회를 제공한다고 공지했다. 이때 출품된 것이 바로 마르셀 뒤샹의 〈샘〉이었는데 전시회의 취지와 달리 이 작품은 대다수 디렉터들이 반대했다는 이유로 어떠한 정식 절차도 거치지 않고 전시회장에서 철거되어 사라졌다. 사실 뒤샹은 당시 이 협회의 디렉터였으며 문제의 전시회에서 작품 배치위원회 위원장을 맡고 있었다. 뒤샹이 일부러 자신의 신분을 숨기고 리처드 머트Richard Mutt를 가장하여 도발을 감행했던 것이다. 〈샘〉이 뒤샹의 작품이었다는 사실이 언제 밝혀졌는지에 관해서는 정확히 알려진 바 없다. 하지만 적어도 전시회에서 작품 철거 문제가 대두된 후에도 한동안 뒤샹이 익명으로 자신의 뜻을 펼쳤음은 분명하다. 뒤샹은 전시회에서 〈샘〉이 철거된 직후 이에 대한 항의의 뜻으로 위원장직에서 물러났다. 곧이어 뒤샹이 익명으로 투고한 사설이 1917년 5월 발행된 『눈 먼 사람』 2호에 게재되었다.[57] 그 내용의 일부를 옮기면 다음과 같다.

1. 어떤 사람들은 그것이 외설스럽고 저속하다고 보았다.
2. 다른 사람들은 그것이 표절이고 평범한 위생용품

이라고 주장했다.

그런데 욕조가 외설스럽지 않은 것과 마찬가지로 머트 씨의 <샘> 역시 외설스럽지가 않다. 그렇다고 하는 것은 불합리하다. 그것은 배관공의 진열대에서 날마다 볼 수 있는 비품에 불과하다.

머트 씨가 자신의 손으로 직접 <샘>을 제작했는지의 여부는 중요하지 않다.

…

위생 용품이라서 안 된다고? 한마디로 웃기는 말이다. 미국의 위생용품과 다리는 일찍이 미국이 생산한 유일한 예술 작품이다.[58]

뒤샹의 〈샘〉은 재현력을 가진 이미지로서의 미술에 대한 사형선고이자 이미지의 살상력에 의해 제거된 신의 부재를 뜻하는 알레고리이다. '이미지의 1단계'에서 미술은 원본 대상을 지시하는 가장 완벽한 미메시스의 모범이었다. 나아가 그 안에 어떤 초월적인 것을 내재하는 특별한 존재였다. 그 초월적인 것이란 신성, 아우라, 미, 예술 등으로 불리며 전통적으로 미술의 자격을 논할 때마다 기준이 되어 왔던 개념들이다.

오브제로서의 소변기는 이러한 개념들을 벼랑 끝으로 몰고 가 예술의 본질에 대해 근본적인 의문을 제기한다. 어떤 담론으로도 신성하거나 아름다운 것으로 해석될 수 없는 전복적 오브제로서의 변기는 단지 그것이 미술관에 놓임으로써 〈샘〉이라는 예술작품으로 거듭난다. 이때 예술의 정수(精髓)가 되는 것은 '기호-실재 등가의 원칙'을 보증하는 신이 아니라 지시체로서 권리가 박탈된 기의 없는 기호 즉, 부재 그 자체이다.

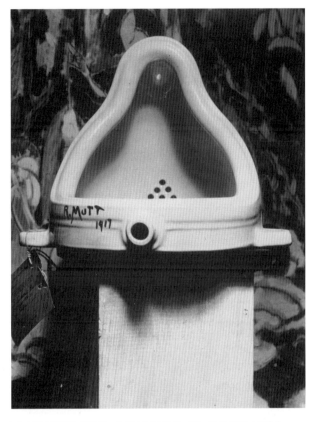

마르셀 뒤샹의 〈샘〉은 미메시스로서의 예술에 종언을 고했다.

출처: Marcel Duchamp, 1917, <Fountain>, photograph by Alfred Stieglitz, Public domain, Wikimedia Commons.

■ 함열 좌표계

함열은 시뮬라크르 질서 체계의 최종단계에서 추상화가 극한에 도달했을 때 나타나는 현상이다. 함열은 일반적인 모조품과 하이퍼리얼리티를 구분 짓는 결정적인 특성이며 보드리야르 사상의 핵심이다. 함열implosion을 불어사전에서 찾아보면 다음과 같다.

1. [언어] (파열음의) 내파(內破) (↔ explosion)
2. (1960년경) [기술] (폭탄의) 내향성 폭발, (브라운관의) 내측 파열[59]

일반적으로 폭발은 부피가 급격히 증가하면서 에너지를 외부로 방출하는 반면 함열은 부피가 마이너스로 증가하며 에너지 방출이 내부를 향한다. '함열 좌표계'를 살펴보면 제1 질서 작용에 의해 실재와 상상의 거리는 양의 축으로 무한히 이동한다. 이 거리는 제2 질서 작용에 의해 원점 0에 근접한다. 제3 질서 작용은 실재와 상상의 거리가 원점에 수렴하는 즉시 시작되며 여기서 음의 방향으로 무한히 팽창하는 함열이 발생한다. 이것을 좌표계로 나타내면 다음과 같다.

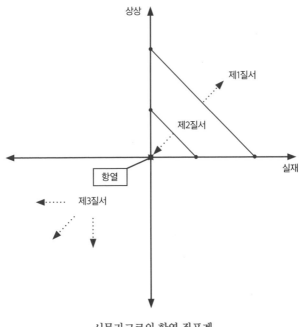

시뮬라크르의 함열 좌표계

제1 질서 체계에서 펼쳐지는 세계는 본질적인 의미를 향해 풍요롭게 팽창한다. 하지만 제3 질서 작용이 파생시키는 세계는 알고리즘의 통제 속에 정해진 규칙에 따라 마이너스를 향해 폭발적으로 증식한다. 함열의 지향점은 현실을 완전히 조작하고 실재를 하이퍼리얼리티로 대체하며 인간의 삶 전체를 통제하는 것이다.

제2 질서의 작동은 물리적 에너지에 의한 기계적인 시스템이 가진 제약으로 인해 효율성과 생산성을 무한히 증폭시킬 수 없다. 제2 질서가 작용하는 원리인 열역학 법칙은 영구기관의 불가능성을 내재한다. 하지만 제3 질서 체계의 시뮬라크르는 과거 물리적 제약을 극복하기 위해 정보통신의 세계로 이동한다. 시뮬라크르 제작자는 시뮬라크르의 무한한 생산을 가능하게 할 플랫폼을 구축한다. 알고리즘에 의한 세계의 전지적이고 완벽한 예측과 통제를 지향한다. 함열은 단순한 생산량 증가가 아닌 생산 시스템 자체의 본질적인 변화이다. 이 변화는 강압적인 물리력을 행사하지 않고도 인간을 복종시키고 현실과 시스템을 완전히 동화시킨다.

현대 시각문화의 이해

■ 함열의 작용기전 3단계

함열의 구체적인 작용기전 3단계를 정리해 보면 다음과 같다. 1단계인 추상화는 함수 제작을 위한 자료를 축적하여 실재를 비교측정이 가능한 좌표로 환원시키는 것이다. 초기 자본주의와 산업화 단계에서 양적으로 급격히 늘어난 시뮬라크르는 그나마 원본 대상들 간의 차이를 반영해 다양하게 만들어진 것이었다. 하지만 더 진화한 체계에서 이 다양성은 위기를 맞는다. 각각의 실재가 가졌던 미세한 차이들이 추상화에 의해 소멸한다. 현실에 존재했던 각양각색의 존재들이 분류 체계의 범주에 의해 단조로운 좌표 값으로 바뀐다.

2단계는 추상화한 실재들의 좌표를 바탕으로 함수식을 도출하여 무한한 값을 생성할 수 있는 단일한 체계를 구축하는 것이다. 실재가 축출된 범주들은 함수function, 사상mapping, 변환transformation의 기능을 수행하는 체계들로 거듭난다. 일반적으로 변수 x, y가 있고 x에 따라 y가 정해지는 관계가 형성될 때 이를 함수라고 한다. 이 관계에 따라 x가 y로 대응하는 것을 사상, 그렇게 바뀌는 것을 변환이라 한다. 함열에서 작동하는 함수·사상·변환은 이보다 많은 의미를 함축하지만 기본적인 작용기전은 동일하다. x에 현실에 존재하는 많은 원본 실재를 대입하면 모조품 시뮬라크르가 y값으로 나온다.

3단계는 함수 체계에서 원본 실재를 없애고 오직 시뮬라크르만 가지고 무수히 많은 파생 실재를 만들어 내는 것이다. 시뮬라크르가 또 다른 시뮬라크르를 산출하며 무한히 발산한다. 정보, 모델, 정보통신학적 게임 위에 세워진 시뮬라크는는 물리적 한계를 극복하고 폭발적으로 증가한다. 결국 함수식의 x항과 y항을 모두 하이퍼리얼리티가 점령하고 원본 없는 모조품만이 가득한 세상이 된다.

■ 이미지의 추상화 작용: 피에트 몬드리안

피에트 몬드리안은 신이 부재하는 빈 석판 위에 새로운 성화상을 만들고자 했다. 뒤샹이 성상 파괴주의적 다다이즘을 표방해 이미지의 살상력으로 신을 몰아냈다면, 몬드

리안은 성상 숭배주의자를 가장해 이미지의 재현력으로
또 다른 이교도의 신을 만들었다. 몬드리안이 만든 성화
상은 실재와 모방이 등가를 이루는 유토피아에 위치하는
'1단계의 이미지'가 아니다. 몬드리안이 부활시킨 이교도
의 신은 시뮬라크르 제작자에 준하는 것으로 그것을 표방
하는 성화상은 '4단계의 이미지'를 지향한다.

몬드리안이 나무를 묘사한 작품을 시기순으로 나열해
보면 추상화의 전형을 도출할 수 있다. 초기의 구체적인
윤곽과 다양한 색채는 점차 기하학적인 형태와 몇 개의
색상으로 단조로워진다. 하지만 이 단조로움은 수많은 나
무 이미지의 핵심을 담고 있기에 또한 무한하다. 따라서
몬드리안의 추상은 원점으로 회귀하는 동시에 발산하는
함열implosion이다. 추상은 색채와 형태의 구성이 무분별
하게 폭발하는 것이 아니라 구조와 리듬에 의거해 질서정
연하게 이루어지는 것이다. 이것이 추상의 함열이다.

자본주의에 의거해 화가의 사명이 세상의 모든 존재를
모방하는 것이라 가정해 보자. 그렇다면 화가는 그림을
대량으로 그려야 하고 또 사실적으로 묘사해야 할 것이

다. 이 불가능한 일을 몬드리안의 추상이 해낸 것이다. 몬드리안의 추상은 세상에 존재하는 모든 이미지를 구현할 수 있는 환원적 요소를 바탕으로 무한한 재현력을 가진 질서 체계를 구축한다. 이러한 점에서 몬드리안의 추상은 극한의 이미지 생산성을 지닌 플랫폼이자 '시뮬라크르–실재 등가 원칙'을 보증하는 이교도 신의 이콘icon이다.

몬드리안 작품의 추상 과정. 몬드리안의 <구성>은 단순해 보이지만 세상의
모든 나무의 형상과 색채를 담고 있다. 추상은 함열이다. 한편으로는 음으로
수축하면서 다른 한편에서는 양으로 폭발한다.

〈빨간 나무〉, 피에트 몬드리안, 1908년.

출처: Piet Mondrian, <Red Tree>, 1908, Public domain, Wikimedia Commons.

〈회색 나무〉, 피에트 몬드리안, 1911년.

출처: Piet Mondrian, <Gray Tree>, 1911, Public domain, Wikimedia Commons.

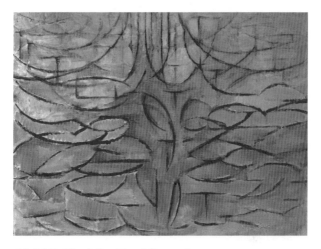

〈사과나무 꽃〉, 피에트 몬드리안, 1912년.

출처: Piet Mondrian, <Blossoming Apple Tree>, 1912, Public domain, Wikimedia Commons.

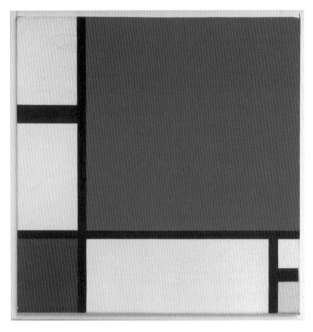

〈빨강, 파랑, 노랑의 구성〉, 피에트 몬드리안, 1930년.

출처: Piet Mondrian, <Composition with Red, Blue and Yellow>, 1930, Public domain, Wikimedia Commons.

현대 시각문화의 이해

제 4 장

시각문화를
집어삼킨
첨단 미디어

VR 헤드셋은 기존의 미디어와 차별화되는 단절적 시각문화에 위치하는 혁신적인 장치라기보다 19세기 광학기기를 중심으로 형성된 현대적 시각문화의 연장선에 위치하는 공감각적 매체이다. 2010년대 중반 VR 헤드셋이 일으킨 일련의 소란은 그 동안 익숙함에 길들여져 자각하지 못했던 현시대의 스펙타클에 대해 반성적으로 사유할 계기를 마련해 준다.

VR 헤드셋 제조사들은 제품의 판매를 촉진하기 위해 소비자에게 현실과 똑같은 비현실의 체험을 강조하고 있으며 이렇게 형성된 가상현실 담론은 형이상학적 차원에서 사유의 폭을 축소시킨다. 또한 VR 헤드셋은 감각적 총체성을 지닌 현실에서의 체험을 시각 중심으로 추상화시킴으로써 사용자에게 확장된 자극을 선사하는 동시에 근본적인 욕구 결핍을 야기한다. 이로써 관찰자의 경험은 외견상 풍부해질수록 본질적으로 빈곤해지는 공감각적 함열에 처한다.

한편 VR 헤드셋은 저지기구로 작동한다. VR 헤드셋이 전면에 가상현실을 내세우며 세간의 이목을 집중시키자 사람들은 이 장치가 구현하는 콘텐츠가 현실 세계를 갈음할지 모른다는 두려움을 느끼게 되었다. 역설적으로 사람들은 현실이 실재라는 것에 대해 더욱더 강한 믿음을 갖게 된 것이다. 하지만 고도로 진화한 스펙타클의 사회에서 현실의 상당 부분이 이미 하이퍼리얼리티에 의해 잠식되었다. 가상현실 논란은 이 불편한 진실이 드러나는 것을 방지하기 위해 날조된 스캔들이며 사람들이 시뮬라크르 질서 체계로부터 이탈하는 것을 방지하기 위해 하이퍼리얼리티가 구사하는 저지전략이다.

1)
VR 헤드셋에 대한 인문학적 성찰

■ 가상현실의 유래와 VR 헤드셋

가상현실이라는 단어의 기원에 관해서는 일치된 견해를 찾기 어려울 정도로 많은 의견이 있다. 그 중 대표적인 주장은 프랑스 극작가인 앙토냉 아르토가 1930년대의 저서에서 관객을 몰입시키는 극장을 '가상현실 공간'이라고 언급한 것이다. 그로부터 약 50년 후 가상현실이 오늘날과 같이 3차원 디스플레이 및 컴퓨터 인터페이스 장치를 통해 경험하는 유사 현실 체험이라는 뜻으로 쓰이기 시작했다. 1970년대 컴퓨터 과학자이자 예술가인 마이런 크루

거를 시작으로 1980년대 후반 컴퓨터 과학자인 재런 래니어 그리고 1990년대 보잉사 연구원 토마스 커넬이 컴퓨터 그래픽스 기술을 활용한 가상현실 장치를 발명했고 디지털 기기를 통해 이루어지는 모조 체험에 관해 언급했다.

2010년대 중반 머리에 착용하는 3차원 디스플레이 기기인 VR 헤드셋이 출시되면서 VR에 대한 대중의 관심이 몇 년 사이 폭발적으로 증가했다. 이러한 현상은 대규모 첨단 과학기술 박람회인 MWC에서 VR이 차지하고 있는 비중을 통해 알 수 있다. 세계 200개국에서 101,000명이 참여한 스페인 바르셀로나 'MWC 2016'에서 가장 중요한 화두로 다루었던 것이 VR이었다. 연이어 가상현실을 표방하는 다양한 제품들이 출시되었고 VR 헤드셋과 관련된 투자가 활발해졌으며 신문기사, 출판물, 영화 등을 통해 가상현실에 관한 담론이 대중에게 널리 퍼지게 되었다.

첨단 기술이 급속도로 발달하여 세상이 공상과학 영화처럼 바뀌게 될지도 모른다는 기대 혹은 우려 속에서 VR 헤드셋은 과거 스마트폰이 그랬던 것처럼 무한한 파급력을 가진 뉴미디어로서의 가능성을 보여 줬다. 새로운 기

현대 시각문화의 이해

기가 출시될 때마다 광고 및 언론 매체는 더욱 사실적인 체험이 가능하다는 메시지를 전달하려 했다. 하지만 이 가능하다는 말에 담긴 역설에 주의해야 한다. 인문학적 관점에서 VR 헤드셋이 관찰자에게 무엇을 보게 만들고 무엇을 볼 수 없게 만드는지 생각해 볼 필요가 있다.

■ 관찰자의 진화: 카메라 옵스큐라 → 입체경 → VR 헤드셋

19세기 초반 입체경을 중심으로 등장한 현대적 시각을 주장한 조나단 크래리에 따르면 17~18세기의 카메라 옵스큐라는 데카르트적 원근법주의와 뉴턴의 광학을 중심으로 형성된 주체 중심적인 시각을 관찰자에게 주입시키는 도구였다. 이후 19세기에 발명된 입체경은 자본주의 이념과 눈에 대한 생리학적 이론을 중심으로 형성된 소비 지향적인 현대적 관찰자를 만들었다. 현대의 VR 헤드셋 은 크래리가 주장한 19세기의 현대적 관찰자의 연장선상 에 있다. 19세기의 입체경이 육안의 생리·심리학적 비교 측정체계 내에서 정상으로 규정된 시각만을 관찰자에게 부여했듯이 VR 헤드셋 또한 현대 시각문화의 질서 체계 내에서 자본주의에 부합하는 시각만을 미디어 관객성에 포함시킬 것이다.

VR 헤드셋에 의해 현대 시각문화의 관찰자가 체득하게 되는 미디어 관객성은 시각적 추상화에 의한 공감각적 함열implosion이다. VR 헤드셋 덕분에 관찰자가 시각으로 지각할 수 있는 범위가 확장된 것은 사실이다. 하지만 시각을 제외한 다른 감각들이 컴퓨터 인터페이스 장치에 의해 추상화되어 다양한 감각의 전체적인 질이 떨어진다.

'스펙타클' 개념을 통해 현대 자본주의 체제를 비판했던 기 드보르에 의하면 추상화는 스펙타클의 구체적인 존재 양태이며 스펙타클의 사회에서 각각의 노동과 모든 생산은 추상화된다. 또한 추상화의 원리에 입각해 이루어지는 스펙타클의 운동은 유동 상태에 있는 인간의 활동을 그것과 배타적인 관계를 이루는 응고 상태의 사물로 만들어 포획한다. 드보르는 이러한 운동으로 사회를 지배하는 상품에 대해 감각적이지만 초감각적이 된 사물들이라고 언급한다.[60]

자본주의의 논리에서 보면 VR 헤드셋이 강화한 시각 능력으로 다량의 경험을 소비할 수 있게 되었다는 점에서 시각 경험의 생산성이 폭발적으로 증가한다. 하지만 관찰자의 실질적 경험의 총체성이 해체될 위기에 처했다. 현실 세계에서의 무궁무진한 복합적 감각의 향연이 VR 헤드셋을 사용하는 몇 제곱미터 남짓한 공간 속에 갇혀 단조로운 감각적 유희로 전락한다. 드보르가 지적했듯이 매개 없이 직접 경험했던 모든 것이 표상 속으로 우원해 지는 것이다.[61]

카메라 옵스큐라의 관찰자, 입체경의 관찰자, VR 헤드셋의 관찰자는 각 시대의 시각문화를 대표한다. 그들이 무엇을 보고 어떻게 보는지는 문화적으로 결정된다.

17~18세기 카메라 옵스큐라.

출처: Camera Obscura by Georg Friedrich Brander, 1769, http://www.essentialvermeer.com/camera_obscura/co_one.html.

현대 시각문화의 이해

19세기 입체경.

출처: The stereoscope and stereoscopic photography by Drouin, F. (Felix), 1890,
https://archive.org.

21세기 VR 헤드셋.

출처: Fauxels, 2019, https://www.pexels.com/ko-kr/photo/vr-3183187.

현대 시각문화의 이해

■ VR 헤드셋의 미디어 관객성: 자본주의에 최적화된 시각적 소비 능력

19세기 입체경이 탄생시킨 자본주의적 이미지 소비 능력은 VR 헤드셋의 유행으로 한층 더 강화된다. 소비자 입장에서 보면 VR 헤드셋은 크게 두 종류로 구분되는데 하나는 기존에 사용하던 스마트폰을 결합해 사용하는 제품이며 다른 하나는 개인용 컴퓨터에 연결하여 사용하는 고성능 제품이다. 전자에 해당하는 것이 구글 카드보드이며 후자에 해당하는 것이 오큘러스 리프트와 HTC 바이브 등이다.

이 중 세계에서 가장 많이 보급된 VR 헤드셋은 단연 구글 카드보드이다. 구글이 자사 웹사이트를 통해 제품 설계도를 공개하고 제작 방법까지 친절하게 설명해 놓았기에 사실상 무료나 다름없다. 구글은 직접 제품을 제조하지 않고 다른 중소기업들이 오픈소스 설계도를 기반으로 제품을 제작해 판매한다. 사용자는 기존의 스마트폰을 그대로 활용하여 저렴한 비용으로 VR 헤드셋을 사용할 수 있다.

하지만 이것은 구글의 자비라기보다는 전략이었을 것이다. 이미 경쟁사가 하이엔드 VR 기기 분야를 선점한 상황에서 치킨게임의 리스크를 안고 하드웨어적인 경쟁을 하기 보다는 자사의 동영상 플랫폼인 유튜브의 영역을 VR 콘텐츠 플랫폼으로까지 확대하려는 것이다. 유튜브가 오늘날 세계 최대의 비디오 플랫폼으로 성장한 배경에는 스마트폰의 보급을 빼놓을 수 없다. 마찬가지로 VR 콘텐츠 플랫폼이 활성화되기 위해서는 VR 기기의 보급이 전제되어야 하는 것이다. 오늘날의 시각문화는 기술의 발달에 의한 자본의 복제, 유통이라는 맥락 속에 존재하며 그런 면에서 구글의 카드보드는 대중화, 대량화라는 자본주의의 핵심 요소를 충족시킨다.

한편 오큘러스 리프트와 HTC 바이브 등 개인용 컴퓨터 연결용 VR 헤드셋은 첨단 기술이 총 집약된 고성능 기기로 사용자에게 높은 수준의 가상현실 경험을 제공한다. 문제는 장비의 진입장벽이 너무 높다는 것이었다. 일단 VR 헤드셋의 가격이 너무 높고 설상가상으로 이 기기들과 연결할 컴퓨터 역시 고성능이어야 한다. 개인이 이러한 장치를 모두 구비하기 힘들기 때문에 이용료를 지불하고 VR 헤드셋을 사용할 수 있는 시스템을 제공하는 이른바 'VR방'이라는 영업장도 생겨났다.

VR 헤드셋은 집에서는 놀이기구로, 학교에서는 교육도구로 사용된다. 아이들은 VR 헤드셋을 쓰고 이리저리 고개를 움직여 보기도 하고 한 곳을 가만히 응시하기도 한다. 가상현실 콘텐츠를 체험하며 양안시차에 의한 입체이미지 지각과 머리의 움직임에 따라 시점을 바꾸는 방법을 익히는 것이다. 이 과정에서 아이들은 자연스럽게 미디어 관객성을 습득해 나간다. 이것은 과거 입체경이 만들었던 미디어 관객성에서 더 진보한 것으로 폭발적으로 증가하는 이미지를 시각을 중심으로 발동하는 공감각을 동원해 동시다발적으로 소비할 수 있는 능력이다.

아이들은 17~18세기에는 카메라 옵스큐라, 19세기에는 입체경, 오늘날에는 VR 헤드셋을 가지고 놀면서 각 시대의 시각문화가 규정한 미디어 관객성을 체득해 왔다.

카메라 옵스큐라를 보는 아이들.
출처: Charles Amédée Philippe Van Loo, <The Camera Obscura>, 1764, National Gallery of Art, CC0, Wikimedia Commons.

입체경 광고 속 아이의 모습.

출처: Late 19th-century advertisement for a stereoscope, https://noma.org/stereoscopes-first-virtual-reality-devices.

VR 헤드셋을 체험하는 아이.

출처: Julia M Cameron, 2020, https://www.pexels.com/ko-kr/photo/4144037.

2)
시각의 공감각화: 온몸으로 이미지를 느끼다

■ VR 헤드셋과 결합한 시각 ≒ 생산기구와 결합한 신체

VR 헤드셋이 가상현실을 구현하는 기술적 원리에 따라 사용자가 경험할 수 있는 모조 체험은 크게 두 가지다. 첫째, 디스플레이를 좌우로 분할하고 눈앞에 배치함으로써 양안시차에 의해 평면 이미지를 입체로 지각하는 육안의 작용을 촉발한다. 이로써 사용자가 눈앞에서 대상을 직접 보는듯한 생생한 시각적 경험을 누릴 수 있다. 둘째, 가속도 센서와 자이로 센서로 구성된 인터페이스 장치를 통해 머리의 미세한 움직임을 측정하고 이를 가상현실 콘텐츠에 실시간으로 반영한다. 이로써 사용자는 가상현실 속에서 마치 자신의 시선에 따라 시점이 움직이는 것 같은 체험을 할 수 있다. 아울러 고성능 VR 헤드셋 제품의 패키지에는 사용자의 동작과 위치를 보다 포괄적이면서 정교하게 측정하기 위한 외부 센서와 컨트롤러가 포함된다.

이러한 모조 체험의 작용기전이 의미하는 것은 VR 헤드셋이 사용자의 시각을 중심으로 공감각적 지각과 육체적 움직임까지 통제한다는 것이다. 기존의 평면 디스플레이 장치는 크기나 해상도 혹은 주사율 등의 차이만 있을 뿐 오직 관찰자의 시각에만 호소했다. 하지만 VR 헤드셋은 관찰자의 시각을 넘어 신체까지 움직이게 한다. 미디어를 통해 사용자의 신체를 움직이게 한다는 것은 모종의 권력이 대중의 신체를 더 광범위하게 통제할 수 있게 된다는 것을 뜻한다.

푸코는 『감시와 처벌: 감옥의 탄생』에서 신체를 통제하는 '규율권력'을 언급했다. 푸코는 이 책에서 현대적 권력이 이전 시대의 잔인한 처벌과 달리 비가시적인 감시로 신체를 통제한다는 것을 고증했다. 형벌에 대한 계보학적 접근을 통해 푸코가 밝혀낸 현대적 권력의 특성은 구심점 없이 점조직적으로 편재하고 신체를 세부적으로 분석하여 움직임을 정교하게 통제한다는 것이다. 규율은 신체각 기관의 활동을 수치화하여 표준을 제정하는 비교측정 체계의 산물로 대량의 신체를 효과적으로 다루기 위한 권력의 근간이다. 규율, 정확히는 신체를 통제하는 규율권력은 상승 지향적인 개인을 하강 지향적인 개인으로 만들고 이것으로 인해 신체의 힘이 극대 단일화된다. 이러한 규율권력의 기제는 자본의 축적에 따라 대량의 신체를 효율적으로 통제할 필요에 의해 조직된 것이다.

푸코의 '규율권력'에 의해 '생산기구와 결합된 신체'는 현대 시각문화의 '스펙타클 권력'에 의해 'VR 헤드셋과 결합된 시각'에 상응한다. 자본의 논리에 따라 작동하는 현대 시각문화의 권력이 시각적 환영을 소비 가능한 대상으로 만들기 위해 첨단 미디어와 육안을 결합시키려는 것이다.

■ 움직이는 관찰자: 원근법을 이탈하다

현대 시각문화는 시각이라는 수식어가 불필요할 정도
로 대부분 시각적인 것으로 구성된다. 기 드보르에 따르
면 과거 촉각이 가진 지위를 시각이 차지하게 되었으며
시각은 그 자체로 현대 사회의 일반화된 추상이다.[62] 복
합적인 감각의 세계가 시각을 중심으로 추상화된다는 것
은 인간이 물리적 체험의 한계를 넘어 다양한 활동을 보
다 효율적으로 소비할 수 있게 됨을 의미한다. 하지만 실
제 경험만이 가진 총체성이 시각적 추상화에 의해 파편화
되고 삶의 정수가 빈곤해진다.

VR 헤드셋이 구현하는 가상현실 콘텐츠에는 이러한 역
설이 존재한다. 구글 카드보드 앱의 가상현실 데모 중에
는 베르사이유 궁을 관람하는 콘텐츠가 있다. VR 헤드셋
을 착용하고 정원을 지나 궁으로 들어가면 엘리자베트 비
제 르 브룅의 〈마리 앙투아네트와 아이들〉을 볼 수 있다.
이 작품은 디지털 이미지로 복제되어 웹을 통해 널리 퍼진
그림이다. 인터넷 포털 사이트 검색 창에 작품명을 입력

하면 누구나 쉽게 스마트폰으로 이 그림을 볼 수 있다. 하지만 VR 헤드셋을 통해 이 작품을 관찰하는 것은 스마트폰을 통해 보는 것과 다른 새로운 시각 경험을 촉발한다.

VR 헤드셋을 쓰고 베르사유 궁에 들어가면 사용자는 고개가 향하는 모든 방향에서 내부 곳곳을 관찰할 수 있다. 이렇게 미리 정해진 순서 없이 마음대로 시점을 이동할 수 있다는 점 때문에 관찰자는 마치 실제로 관람하는 것과 같은 자유로움을 느끼게 된다. 또한 다큐멘터리나 영화를 볼 때와 달리 관찰자는 자신이 주체적인 경험을 하고 있다고 생각하게 된다.

VR 헤드셋의 가속도 센서와 자이로 센서는 관찰자의 고개가 움직이는 방향에 따라 가상현실 속의 시점이 이동하도록 만든다. 설령 관찰자가 이 기능을 알지 못했을지라도 일단 기기를 착용하게 되면 머리의 움직임에 따라 콘텐츠를 보는 시점이 함께 움직인다는 것을 직관적으로 체득할 수 있다. 가속도 센서와 자이로 센서가 머리의 미세한 흔들림에도 예민하게 반응하기 때문이다. 구글 카드보드를 처음 사용해 보는 사람이 별도의 지시 없이도 이리저리 고개를 흔들어 보는 것은 이러한 이유 때문이다. 이때 사용자는 현실에서 자신이 보고 싶은 대상을 향해 시선을 움직일 때와 유사한 체험을 하게 된다. 이것이 현실에서 시선을 이동하는 것과 다른 까닭은 콘텐츠에 반영되는 시야가 안구의 움직임에 연동되는 것이 아니라 머리의 움직임에 연동되기 때문이다.

VR 헤드셋은 시각을 통해 촉각적인 자극을 선사한다. 스마트폰의 액정화면은 평면이지만 엄밀히 말해 실제 작품의 표면은 평평하지 않다. 실제로 미술관에서 유화로 그려진 작품을 가까이에서 보면 캔버스 표면의 미세한 격자무늬와 붓터치에 의해 연출된 유화 물감의 입체 형상을 발견할 수 있다. VR 헤드셋을 통해 〈마리 앙투아네트와 아이들〉을 보면 스마트폰으로는 잘 보이지 않던 유화 특유의 다채로운 무늬 및 질감이 두드러지게 보인다.

과거 카메라 옵스큐라 시대의 관찰자는 그림을 볼 때 화가의 시점에 시선을 맞추고 가만히 고정된 상태에서 데카르트적 원근법주의에 따라 미술을 감상했다. 하지만 VR 헤드셋의 관찰자는 이리저리 고개를 움직이며 여러 가지

시점에서 그림을 본다. 그림의 소실점은 관찰자가 선택할 수 있는 수많은 시점 중 하나일 뿐이다. 이제 그림의 원근감을 지각하기보다는 그림을 만지듯이 표면의 질감을 느낀다. 이것은 단순히 미술 관람에 한정된 것은 아니다. 같은 이미지를 시각 매체에 따라 다르게 본다는 것은 우리가 현실을 지각하는 방식이 달라진다는 것을 뜻한다.

<마리 앙투아네트와 아이들>의 평면 디스플레이 이미지와 VR 헤드셋의 이미지는 같은 대상을 바라보는 두 가지 방식의 차이를 나타낸다. 과거 주류였던 데카르트적 원근법주의의 단일했던 소실점은 현대 시각문화에서 무한대로 분산한다. 이것은 분열적인 속성을 가진 자본주의와 무관하지 않다.

〈마리 앙투아네트와 아이들〉의 평면 디스플레이 이미지.

출처: Élisabeth Louise Vigée Le Brun, <Marie Antoinette and Her Children>, Public domain, Wikimedia Commons.

현대 시각문화의 이해

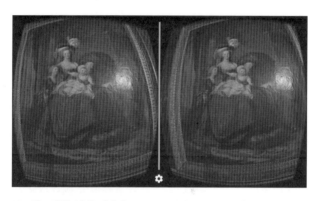

VR 헤드셋의 입체 이미지.

출처: Cardboard, Google, 2018.

■ 〈리치의 널빤지 체험〉: 시각으로 신체를 통제하다

VR 헤드셋 콘텐츠 중 가장 짜릿한 경험을 선사하는 것 중 하나는 HTC 바이브를 통해 체험할 수 있는 〈리치의 널빤지 체험〉이다. 이 게임은 토스트Toast사에 제작한 것으로 2017년에 출시되어 당시 VR방에서 큰 인기를 누렸다. 게임을 실행하면 고층 빌딩 꼭대기에서 고공으로 뻗은 가느다란 널빤지 끝에 있는 케이크 조각이 보인다. 공중에 있는 널빤지를 건너 케이크 조각을 집어 들고 다시 빌딩까지 돌아오는 것이 게이머에게 주어진 임무이다. 겉으로 보기에는 단순해 보이지만 게이머는 간담이 서늘해진 나머지 한 걸음조차 나아가기 힘들다. VR 헤드셋을 쓰면 시각을 중심으로 평형감각과 관련된 기관으로부터 전해지는 자극이 너무 생생해서 떨어지지 않기 위해 안간힘을 쓰게 된다.

이 게임의 트릭은 다음과 같다. 먼저 3D 렌더링으로 구현된 가상의 널빤지는 현실에서 지면으로부터 약 5cm 정도의 높이로 설치된 실제 널빤지에 대응한다. 가상현실 속에서 도구를 사용해 케이크 조각을 집는 행위는 HTC 바이브 패키지에 포함된 VR 전용 컨트롤러의 조작에 상응한다. 외부에서는 게이머가 고작 손가락 한 마디 높이밖에 되지 않는 널빤지 위에서 어떻게든 균형을 잡으려고 안간힘을 쓰며 컨트롤러를 손에 쥐고 허공에 팔을 휘젓는 모습이 매우 기이하게 보일 것이다. 여기에 긴장감을 고조시키기 위해 대형 선풍기를 틀어 높은 고도에서 부는 바람을 연출한다. 게임 진행을 도와주는 조수가 게이머의 몸을 붙들고 흔들기도 한다. 이처럼 VR 헤드셋을 착용한 게이머는 시각을 넘어 온몸의 움직임을 체험하게 되는데 실제로 게임이 끝난 뒤 가쁜 호흡을 고르며 땀을 흘릴 정도다.

VR 헤드셋이 시각을 넘어 나머지 신체 부위까지 표적 범위를 확대하는 것은 푸코의 생체권력이 시각문화에서 작용하고 있음을 알리는 뚜렷한 징후다. 푸코에 따르면 생체권력의 실체는 방대한 지식으로 구성된 담론이다. 이 것은 자본주의의 논리에 따라 생산성을 증대시키기 위해 생산기구와 신체를 결합하고 훈육을 통해 일망 감시체제의 파놉티콘으로 신체를 완전히 통제한다. 그렇다면 눈에 대한 방대한 생리학적 지식을 바탕으로 한 현대 시각문화의 권력 역시 생체권력으로 인간의 눈을 생산기구와 통합하여 훈육을 통해 신체를 전지적으로 통제하려 들 것이다.

게임 속 이미지와 달리 외부에서 본 실제 환경은 매우 조악하다. 하지만 게이머는 다리가 후들거릴 정도의 불안과 긴장을 체험한다. 자본주의적 관점에서 보면 여기에는 인간의 신체를 매우 생산적이고 효율적으로 통제할 수 있는 방법이 숨어 있을 것이다.

〈리치의 널빤지 체험〉의 그래픽.
출처: <Richie's Plank Experience>, Toast, 2017, Digital Content.

〈리치의 널빤지 체험〉의 실제 체험 환경.

현대 시각문화의 이해

3)
저지기계:
가상현실은 오직 현실의 부재를 은폐할 뿐이다

■ 하이퍼리얼리티의 저지전략: 동굴 밖으로의 탈출을 막다

보드리야르는 모든 원본 실재가 복제품인 하이퍼리얼리티에 의해 대체된 세상에서 발생할 수 있는 우발적 사고와 이것을 막기 위한 작용을 하이퍼리얼리티의 '저지전략'이라 언급한다.[63] 사람들을 시뮬라크르의 세계에 가둬놓고 통제하는 모종의 권력이 있다고 가정해 보자. 그런데 사람들이 원본 실재라고 믿어 왔던 것들의 실체가 시뮬라크르였다는 사실을 알게 되면 이탈을 시도할 것이고 질서 체계가 붕괴될 것이다. 따라서 모종의 권력은 이것

을 방지하기 위해 하이퍼리얼리티의 저지전략을 펼치는데 현실에서 이 역할을 담당하는 이미지, 물건, 관념, 행위를 하이퍼리얼리티의 저지기계라 한다. 플라톤의 '동굴의 비유'로 표현하자면 동굴 속의 사람들이 자신들이 보는 세상이 그림자라는 것을 깨닫고 동굴 밖으로 탈출하는 것을 미연에 방지하는 것이 하이퍼리얼리티의 저지전략이다.

　단언하건대 VR 헤드셋의 가상현실은 하이퍼리얼리티가 아니라 '저지기계'다. VR 헤드셋의 가상현실이 하이퍼리얼리티라고 생각하게끔 만드는 것이 하이퍼리얼리티의 저지전략이다. 가상현실이 하이퍼리얼리티라고 생각하는 순간 하이퍼리얼리티의 속임수에 빠진 것이다. 하이퍼리얼리티는 우리의 일상에서 흔히 경험하게 되는 것 중에 교묘히 섞여 있으며 우리가 그것을 구분할 수 없다. 하이퍼리얼리티는 어떤 최첨단 기술이나 인터페이스 장치의 사용을 필수적인 전제로 하지 않는다. 하물며 머리에 거추장스러운 기계를 쓰고 인위적으로 과도한 미메시스를 체험하는 것은 고도로 진화한 현대 시각문화의 하이퍼리얼리티 제작자가 구사하는 세련된 기술과는 거리가 멀다.

아무리 최신 과학 기술이 반영된 첨단 매체라 할지라도 아직까지 인간에게 현실을 구분하지 못할 정도의 실재감을 주지 못한다. VR 헤드셋을 통해 가상현실 콘텐츠를 체험해 본 사람들은 대부분 "진짜 같다"고 말한다. 하지만 이 말은 역설이다. 이를테면 어떤 사람에게 "어려 보인다"고 했을 때 이 말의 기저에는 화자가 상대방의 실제 나이를 알고 있다는 전제가 깔려 있다. 화자가 상대방의 실제 나이를 모르는 상태에서는 어려 보이는지 어린지 알 수 없기 때문이다. 이러한 논리를 VR 헤드셋 사용자의 반응에 적용해 보면 "진짜 같다"는 말은 그 자체로 화자가 실제 경험과 가상현실 간의 차이를 명백하게 인식하고 있음을 전제하는 역설이다.

VR 헤드셋을 통해 사용자가 현실과 똑같은 경험을 할 수 있는가에 관한 문제는 부차적인 것이다. 현시점에서 보다 근본적으로 밝혀야 할 사안은 각종 첨단 미디어 장치들이 왜 전면에 가상현실을 표방하고 있으며 이를 둘러싼 세간의 담론들이 왜 그토록 가상현실에 집착하는지에 관한 것이다. 그 표면적인 원인이 개발자가 정해 놓은 제품의 용도나 황색 저널리즘에 물든 언론 매체의 과장된 기사에 있을지라도 이러한 현상의 기저에 놓인 보다 근원적인 권력 작용의 정체를 파악해야 한다. 이러한 인문학적 사유만이 그림자로 가득한 동굴로부터 탈출할 수 있는 길을 열어 줄 것이다.

■ 하이퍼리얼리티의 저지기계 1: 워터게이트는 스캔들이 아니다

VR 헤드셋을 위시한 모종의 권력 작용이 위치하는 곳은 보드리야르가 말한 시뮬라크르의 제3 질서 체계이다. 이 체계는 원본 실재와 시뮬라크르의 구분이 모호해지는 동시에 여전히 시뮬라크르에 대한 사람들의 의심이 사라지지 않는 곳이다. 대중들이 이러한 진실을 깨닫는 것을 미연에 방지하기 위해 시뮬라크르 제작자는 저지전략을 구사한다. 보드리야르는 저지전략을 설명하기 위해 워터게이트를 사례로 들어 다음과 같이 말한다.

이를테면 옛날에는 사람들이 스캔들을 감추려고 노력하였다. 그러나 오늘날은 그건 스캔들이 아니라는 것을 감추려고 애를 쓴다. 워터게이트는 스캔들이 아니다. 이건 어떤 일이 있어도 말해야 할 것이다. 왜냐하면 바로 이것이 모든 사람들이 감추려고 하는 점이기 때문이다. [64]

워터게이트는 '근본적인 부도덕성'을 감추기 위해 위장막으로 내세운 '위조된 부도덕성'이다. '근본적인 부도덕성'은 '진정한 도덕성'의 원본 실재에 일대일 대응한다. 따라서 '근본적인 부도덕성'을 거슬러 올라가면 '진정한 도덕성'에 이를 수 있다. 하지만 '위조된 부도덕성'의 대척점에는 '진정한 도덕성'이 없다. '위조된 부도덕성'은 원본 실재 없이 파생된 하이퍼리얼리티의 저지전략이다. 애초에 없는 도덕성 위에 세워졌기에 '위조된 부도덕성'을 아무리 거슬러 올라가도 '진정한 도덕성'에 이를 수 없다. 사람들이 '위조된 부도덕성'을 비판하고 축출하는데 매진하는 동안 진실로 청산해야 할 비윤리적 행위의 본질, 악의 평범성, 계몽도 원칙도 없는 자본은 유유히 그 자리를 빠져나간다.

오늘날 세간의 이목을 집중시키는 VR 헤드셋의 가상현실이란 우리가 믿고 있는 현실이 이미 상당 부분 하이퍼리얼리티에 의해 대체되었다는 불편한 진실을 은폐하기 위해 인위적으로 날조한 하이퍼리얼리티의 '저지기계'다. 하이퍼리얼리티의 저지전략에 속아 넘어간 사람들은 VR 헤드셋 속의 세상과 밖의 세상을 가상과 현실로 구분한다. VR 헤드셋을 썼을 때의 체험이 더 사실적일수록 VR 헤드셋을 벗고 난 뒤 현실로 돌아왔음에 안도한다. 하지만 진실은 오늘날의 현실이 벗어날 수 없는 모조현실이며 현실의 원본 실재는 하이퍼리얼리티로 대체되어 자취를 감추었다는 것이다. VR 헤드셋은 사람들이 이러한 사실을 의심하지 못하도록 엉뚱한 방향으로 관심을 유도하는 저지기계다.

제3 질서 체계에서 시뮬라크르 제작자가 가장 두려워하는 것은 하이퍼리얼리티의 내부에 원본이 존재하지 않는다는 사실이 탄로 나는 것이다. 만약 이 사실이 탄로 난다면 사람들은 기호의 함수를 탈피하여 근본적인 실재를 찾아 유영(游泳)할 것이며 시뮬라크르 질서 체계는 붕괴되고 말 것이다. 문제가 되는 것은 시뮬라크르가 원본과 다르다는 점이 아니라 처음부터 시뮬라크르의 원본이 존재하지 않았다는 사실이다. 따라서 이 사실을 은폐하기 위해 시뮬라크르 제작자는 애초에 문제가 될 수 없었던 사안을 가시적으로 문제화시키는 것이다.

■ 하이퍼리얼리티의 저지기계 2: 가짜 롤렉스는 결코 모조품이 아니다

하이퍼리얼리티의 저지전략의 사례로 스위스 명품 시계 브랜드 롤렉스의 시계와 그것을 복제한 모조품을 사례로 제시한다. 롤렉스 시계의 모조품 제작 기술은 날로 발전하여 가장 정교하게 만들어진 가짜 시계는 분해해 보지 않고는 전문가들도 구분하지 못하는 경우도 있다. 경험이 많은 시계 중계상일수록 롤렉스 시계의 진가품 판단에 신중할 정도다. 기계식 시계에는 수백 개의 부품으로 구성된 무브먼트가 탑재되는데 최상급의 모조품 시계는 무브먼트의 성능, 기능적인 측면에서도 정품과 거의 흡사하다.

과거의 시뮬라크르 제2 질서 체계에서 '원본 실재'의 자리에는 당연히 '진품 롤렉스'가 있었으며 '시뮬라크르'의 자리에는 그것을 복제해 만든 '가짜 롤렉스'가 있었다. '가짜 롤렉스'는 원본 실재를 충실히 베낀 미메시스라는 점에서 일반적인 의미의 '시뮬라크르(O)'였다. 여기서 괄호 안의 O는 시뮬라크르가 참조한 원본 실재가 존재한다는 것을 의미한다.

하지만 현대의 제3 질서 체계에서 '진품 롤렉스'와 '가짜 롤렉스'의 관계는 '원본 실재'와 '모조품'이라는 관계를 완전히 탈피한다. 이제 '원본 실재'의 자리에는 아무것도 존재하지 않는다. 모든 것이 '하이퍼리얼리티(∅)'로 대체되었기 때문이다. 여기서 공집합 기호 ∅는 '원본 실재'가 부재함을 의미한다. 그렇다면 '진품 롤렉스'는 어디에 위치하는가? '진품 롤렉스'가 바로 '하이퍼리얼리티(∅)'다. 하이퍼리얼리티는 누구도 구분할 수 없는 가짜이며 따라서 누구도 구분할 수 없는 진품이다.

그렇다면 여기서 '가짜 롤렉스'는 왜 존재하는가? '진품 롤렉스'가 '원본 실재'가 아니라는 사실을 감추기 위해서이다. 사람들이 '원본 실재'라고 믿는 '진품 롤렉스'가 '하이퍼리얼리티(∅)'로 격하되었다는 사실을 은폐하기 위해서이다. 눈에 불을 켜고 롤렉스 시계 하나 사려고 대기자 명단에 이름을 등록하고 일 년 넘게 기다리고, 백화점 문이 열리기만을 기다렸다가 매장 앞까지 전력 질주를 하고, 그런 것이 싫다며 웃돈을 주고 사는 군상들에게 그것이 확실한 진품이니 더 열광하라고 가짜 롤렉스는 따로 있으니 안심하고 진품 롤렉스에 집착하라고 부추기기 위해서이다. 이것이 바로 제3 질서 체계에서 펼쳐지는 하이퍼리얼리티의 '저지전략'이며 롤렉스 모조품은 '저지기계' 역할을 담당한다.

주기적으로 언론 매체를 통해 보도되는 가짜 명품 시계 불법 유통 사건은 인위적으로 조장된 '스캔들 아닌 스캔들'이다. 보드리야르가 워터게이트의 사례에서 주장한 논리가 그대로 적용되는 것이다. 모조품이 판을 칠수록 정식 매장에서 구매한 명품 시계가 원본 실재라는 소비자들의 믿음이 강해질 것이다. 모조품이 더 정교할수록 진품이 가진 미세한 차이의 가치가 더 커지게 될 것이다. 돋보기로 봐야 겨우 식별 가능할 정도로 세밀하게 각인된 다이얼의 표면의 미세한 무늬, 나란히 놓고 비교하지 않는 이상 구분해 낼 수 없는 미묘한 색상 차이, 시계를 분해해야 볼 수 있는 무브먼트 부속의 페를라쥐 표면 등 명품 제조업체들은 진품의 지위를 사수하기 위해 계속해서 기의 signifié 없는 차이를 만들어 낸다. 아울러 공식 인증 판매점 목록, 스탬프가 찍힌 보증서, 시계에 각인된 일련 번호 등 진품을 더 진품처럼 만들기 위한 수많은 기표signifiant 들이 부가된다.

이렇게 무의미한 차이에 열중하면서 사람들은 진품 롤렉스가 원본 실재라는 잘못된 믿음에 대해 조금의 의심도 갖지 않게 된다. 이렇게 모조품 롤렉스는 사람들이 하이퍼리얼리티로 대체된 진품 롤렉스 시계의 정체를 알지 못하게 만드는 저지기계의 역할을 수행하는 것이다.

그렇다면 과거 원본 실재로서의 '진품 롤렉스'는 도대체 어디로 사라졌을까? 저지전략을 통해 시뮬라크르 제작자가 은폐하려 했던 진짜 '진품 롤렉스'의 가치는 무엇이었을까? 그것은 인간 활동의 모든 결과물들이 기호화되고 자본의 논리에 종속되어 교환가치로 환산되는 '소비의 사회'[65]가 도래하기 전에 루페를 낀 장인들이 각고(刻苦)의 노력 끝에 만들어 낸 노동의 집약체이자 순수하게 시간을 보기 위해 사용되는 물건 그 자체로서의 시계이다.

이러한 은폐를 더 강화하기 위해 과장되게 드러내야 할 것은 사라진 역사적 실재를 모방한 시뮬라크르이다. 대부분의 명품 시계 브랜드가 취하는 두드러진 광고 전략이 이를 방증한다. 명품 시계 브랜드는 항상 유구한 역사와 전통을 내세우고 자사의 제품이 과거의 가치를 계승한 유산이라는 것을 호소한다. 보드리야르는 과거의 실재에 대해 다음과 같이 서술한다.

실재가 더 이상 과거의 실재가 아닐 때, 향수란 중대한 의미를 갖는다. 근원적 신화와 사실성을 나타내는 기호들의 가격이 오른다. 이차적인 진실과 객관성, 권위들의 가격이 더욱 오른다.[66]

이러한 보드리야르의 진술은 함열implosion에서 발산하는 시뮬라크르가 과거의 것, 현재의 것, 미래의 것으로 구분되지 않는 공시적synchronic 기표라는 것을 적시한다. 상상력이 소멸한 현대에 이미 일어난 것이나 다름없는 미래의 시뮬라크르는 흥미를 끌지 못한다. 오히려 과거를 모방한 시뮬라크르가 더 비싸게 팔릴 것이다. 진정한 과거의 실재는 돌이킬 수 없는 것이며 유일무이하고 복제와 파생이 불가능하기 때문이다. 그런데 과거의 실재는 이미 소멸되었거나 남아있다 하더라도 날조된 유산을 전면에 내세우는 하이퍼리얼리티의 저지전략에 의해 시뮬라크르와 구분되어질 수 없게 되었다. 만약 과거의 실재가 명석판명하게 식별 가능한 것으로 존재한다면 소비자들에게 보다 많은 상품을 판매하기 위해 미미한 차이만으로 진보한 신상품의 우월함에 대한 동어 반복적인 구호를 외쳐야 하는 자본의 논리 속에서 사치품 제조사들이 왜 역설적으로 과거의 것을 그토록 절실하게 내세우겠는가?

현대 시각문화의 이해

과거의 롤렉스에는 낭만이 있었다. 가품은 가품스러웠고 진품에서 뿜어져 나오는 아우라가 있었다. 오늘날 롤렉스는 금, 달러 등의 기축통화나 다름없다. 오히려 나날이 정교해지는 모조품 덕분에 진품의 지위를 겨우 유지할 뿐이다.

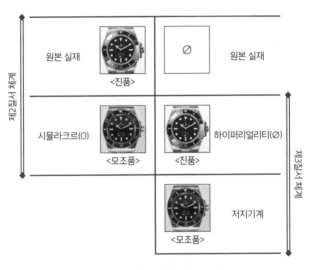

롤렉스의 하이퍼리얼리티 도식

■ VR 헤드셋의 임무: 이탈을 저지하라

시뮬라크르 제작자는 미디어 관객성의 근간을 흔드는 위협적인 사건들의 발생을 미연에 방지하기 위해 중첩된 기만을 날조하는 방식으로 저지전략을 구사한다. 오늘날 첨단 미디어들은 저지기계로서 이러한 기능을 더할 나위 없이 훌륭하게 수행하고 있다. 결국 현대 시각문화 속에서 인간이 시도하는 저항적 실천들은 시뮬라크르의 질서 체계 속에서 방출과 재흡수의 무의미한 순환을 되풀이할 뿐이다. 정작 진정으로 타도해야 할 부조리들은 유유히 비판적 감시망을 빠져나간다.

과거의 '제2 질서 체계'였다면 VR 헤드셋이 내세우는 가상현실은 원본 실재의 경험에 대한 충실한 모방물, 즉 '시뮬라크르(O)'에 해당되었을 것이다. 하지만 현대 시각문화는 '제3 질서 체계'에 속해 있다. 제3 질서 체계는 모든 실재들이 기호와 이미지에 의해 대체된 시뮬라크르, 즉 '하이퍼리얼리티(∅)'의 세계이다. 제3 질서 체계에서 원본 실재의 경험은 사라지고 그 자리를 하이퍼리얼리티가 차지한다. 여기서 VR 헤드셋이 내세우는 가상현실은 하이퍼리얼리티의 저지기계 역할을 수행한다.

이제 VR을 구성하는 형용사 'virtual'은 명사 'reality'와 동등한 위상을 갖는다. 가상이란 현실에 부가적으로 붙는 수식어가 아니라 그 자체로 존립하는 독립체로 거듭난다. 기 드보르는 『스펙타클의 사회』에서 말한다. "스펙타클은 현실 세계에 과도하게 덧붙여진 부가물이나 장식물이 아니다. 스펙타클은 현실 사회의 비현실성의 중추이다."[67]

저지기계로서 VR 헤드셋의 역할이 성공적이었음은 사람들의 반응을 통해 이미 드러났다. 가상현실에 대한 논란이 과열됨에 따라 사람들이 보인 반응은 기대나 호기심이 아니라 오히려 현실을 잃어버리는 것에 대한 두려움이었다. 막상 가상현실이 스캔들이 되자 사람들은 현실에 더욱 집착하는 태도를 갖게 된 것이다. 대중들이 그런 무의미한 구분에 촉각을 곤두세우는 동안 삶의 정수, 원초적인 경험, 본질적인 체험과 관계된 원본 실재의 세계는 더욱 깊숙한 곳으로 은폐되었다.

그 결과 육안에 관한 방대한 지식이 축적되고 시각적

능력을 확장시킬 수 있는 다양한 첨단 미디어들이 개발되었음에도 불구하고 현대 시각문화 속에서 사람들은 체험의 양과 질이 풍부해지는 만큼 충족되지 않는 끊임없는 욕망의 공허함에 시달리는 역설적인 상황에 직면하게 된 것이다.

■ 이데아가 된 그림자: 가상현실이 야기한 형이상학적 퇴보

VR 헤드셋 제조사는 광고를 통해 소비자들에게 어떤 점을 강조하고 있을까? 오큘러스 VR의 홈페이지에 나타난 제품 홍보 문구를 살펴보면 '무한한 가능성의 세상', '더욱 현실감 넘치는 가상현실 세계', '실제 손을 사용하는 것 같은 경험', '상상하지 못한 최고의 VR 경험', '물리학 법칙을 깬 창조적 세상', '현실감 넘치는 경험' 등이다. 이것을 종합해 보면 VR 헤드셋 제조사가 소비자에게 호소하는 소구점은 두 가지로 압축된다. 하나는 현실에서와 똑같은 체험을 제공한다는 것이며 다른 하나는 일상과 동떨어진 비현실적인 세계를 구현한다는 것이다.

현대 시각문화의 이해

표면적으로 상반되어 보이는 이 두 개의 소구점을 관통하는 맥락은 VR 헤드셋을 중심으로 조장된 가상현실 담론이 야기하는 형이상학적 사유의 퇴행이다. 플라톤은 '동굴의 비유'에서 모든 사물의 본질이자 절대적 진리인 이데아가 있는 동굴 밖 세상과 이데아의 모조품에 의해 생긴 그림자가 존재하는 동굴 속 현실을 이야기했다. 동굴 속에 살고 있는 우리가 보는 것은 이데아로부터 두 단계나 떨어진 싸구려 모조품이기 때문에 우리는 동굴 밖의 이데아를 보기 위해 끊임없이 노력해야 한다.

그런데 VR 헤드셋은 가상현실이 현실의 모조품이라는 것을 집요하게 강조함으로써 마치 VR 헤드셋 밖의 세상이 본질과 진리의 세상인 것처럼 생각하게 만든다. 사람들은 VR 헤드셋을 쓰고 현실과 똑같은 체험과 일상과 동떨어진 비현실을 마주하며 역설적으로 이것이 현실의 모조품이라는 생각을 강화한다. 그렇기에 VR 헤드셋을 벗으면 상대적으로 현실이 더 본질적이고 절대적인 세계로 보이는 것이다.

플라톤의 형이상학적 관점에서 비판적으로 사유했었던

그림자가 이데아 자리를 차지하자 사람들은 더 이상 동굴 밖의 진리를 찾을 생각을 하지 않는다. 비판적 사고와 창의성을 기르지 않고 현실에 안주하여 살아간다. 가상현실 담론이 만들어 낸 새로운 형이상학은 우리가 현실 자체를 이데아로 간주하게 함으로써 반성적 사유의 가능성을 일축한다는 점에서 분명 퇴화된 인식론이다.

에필로그: 이미지 과잉의 시대에서 살아남기

현시대의 인문학은 몽환적인 긍정과 희망을 제시하지 않으며 섣불리 전복적인 실천을 북돋지 않는다. 이 책이 이론적 배경으로 삼았던 현시대의 사상가들 역시 아포리아를 적시하고 미래를 비관했다. 푸코는 자율적이고 독립적인 행위 주체의 존재 가능성에 대해 회의적이었다. 주체는 그가 위치한 체제 내에서 구조(構造)될 뿐이며 권력은 침습(侵襲)적이고 순종적으로 주체를 훈육한다. 푸코의 구심점 없는 권력은 우리가 무엇에 맞서 저항해야 하는지 알 수 없게 만든다. 보드리야르는 극한의 추상성에 의한 자유와 욕망의 완전한 소멸을 예견했으며 시뮬라크르에 의해 잠식된 부조리한 현실을 극복할 대안을 제시하지 않고 삶을 마감했다. 이들의 사상에 기반을 둔 이 책역시 같은 입장이다. 그렇다면 현대 시각문화에 대한 인문학적 고찰은 무엇을 위한 것인가?

스톡데일 패러독스라는 것이 있다. 부정적인 현실을 있는 그대로 판단한다는 점에서 낙관주의와 다르며 절망적인 상황 속에서도 실천 의지를 고수한다는 점에서 비관주의와 다르다. 미국이 베트남과 전쟁 중이던 1965년, 미군 장교 제임스 스톡데일은 동료들과 함께 베트남군에 포로로 잡혀 있었다. 당초 예상과 달리 패색이 짙어지자 곧 석방될 것이라고 막연히 희망을 품었던 포로들은 스스로 삶을 포기하기 시작했다. 하지만 냉철한 판단으로 전쟁이 장기화될 현실을 직시했던 스톡데일 장군은 동료들과 함께 8년을 버틴 끝에 무사히 고국으로 돌아갈 수 있었다.

기 드보르 역시 자본의 폐해를 타개하기 위해 미래를 막연히 낙관하는 대신 스펙타클에 의해 인간의 삶이 빈곤해지고 만성적인 권태에 놓이게 된 작금의 현실적 상황을 직시했다. 하지만 인문학이 폭로하는 언술은 환원되거나 수치화할 수 없는 것이기에 과학적 진리로 인정받지 못한다. 보다 정확히 말하면 과학적 방법론은 자신이 증명할 수 없는 진실의 존재 자체를 부정한다. 실증주의적 방법

현대 시각문화의 이해

론에 의해 반박될 수 없는 진술은 그 진위를 떠나 처음부터 논해질 자격을 부여받지 못하기 때문이다. 하지만 시각문화의 본질을 이해하려면 바로 이러한 학계의 하위주체subaltern 언술에 주목해야 한다.

이 책에서 추적한 시각문화의 역사는 서구에서 비롯되었다는 점에서 동양의 시각문화에 적용하기에 한계가 있다. 물론 오늘날에는 세계화로 인해 시각문화의 시대적 간극과 지역적 경계가 좁아졌지만 서구와 동양이 동일한 미디어 관객성을 공유하고 있다고 단정 지을 수 없다. 소위 포스트모더니즘, 트랜스모더니티 등으로 불리는 대항담론들은 서구에서 형성되었던 전통적인 근대성 위에 덧붙여진 것이다. 서구와 근대성의 기원을 달리하는 동양의 시각문화에 이것을 섣불리 적용시킬 경우, '후기-', '탈-', '초-' 등 단지 접두사만을 다루는 공허한 논의에 그칠 우려가 있다. 따라서 동양의 시각문화는 별도로 논의되어야 할 것이다.

아울러 이 책에 등장하는 영화, 광고, 현대미술, 게임, 명품 브랜드 등의 콘텐츠들은 까다롭고 복잡한 현대 사상가들의 이론을 보다 친숙하고 쉽게 풀어보고자 제시된 것이다. 드보르, 푸코, 보드리야르의 사상은 매우 난해하기로 악명이 높다. 가짜 논문으로 인문학계를 농락했던 미국의 물리학자 앨런 소칼은 보드리야르를 포함한 현시대의 사상가들이 어려운 용어와 난삽한 문체로 독자에게 지적 허세를 부린다고 비판했다. 나는 이러한 문제의식을 갖고 드보르, 푸코, 보드리야르의 사상이 결코 우리의 현실과 동떨어져 있거나 현학적인 태도로 지식을 과시하는 것이 아님을 밝히고자 했다. 그럼에도 이 책이 다소 읽기 어려운 것은 사실이다.

마지막으로 앞으로의 시각문화는 어떻게 전개될 것인가에 대한 나의 단상을 밝힌다. 여기서 인문학적인 사유가 종국에 구조의 아포리아를 타파할 수는 있을 것이라는 나이브한 주장을 하고 싶지는 않다. 자본주의 논리는 더욱 강화되어 첨단 미디어의 발달과 함께 세계의 모든 실재가 결국 이미지와 기호로 대체될 것이다. 그렇다면 이제 실재의 존폐가 문제가 아니라 이미지의 매너리즘이 문제가 된다. 1분 이하의 동영상 숏폼의 유행은 이제 평면 이미지 소비가 가장 극단의 상황까지 도달했음을 시사한다. 자본주의는 이를 타파하기 위해 의식만을 환기시키는 '시각+생각'의 단편적인 이미지 기호 대신 시각이 신체의 여러 감각기관을 즉각적으로 반응시키는 새로운 '시각+육체'의 공감각적 기호 체계, 미디어, 콘텐츠, 플랫폼을 출시할 것이다. 그렇다면 그때쯤 시각문화의 새로운 미디어 관객성 형성을 기대할 수 있을 것이다.

참고문헌

Dawn, Ades, Neil Cox, and David Hopkins. *Marcel Duchamp*. London: Thames & Hudson, 1999. 황보화 역. 『마르셀 뒤샹』. 서울: ㈜시공사·시공아트, 2009.

Bak, Meredith. "Perception and Playthings: Optical Toys as Instruments of Science and Culture." Ph.D. Diss. California U, 2012.

Baudrillard, Jean. *Simulacres et simulation*. Paris: Galilée, 1981. 하태환 역. 『시뮬라시옹』. 서울: 민음사, 2017.

_____. *Société de consommation*, 1970. 이상률 역. 『소비의 사회』. 서울: 문예출판사, 1992.

Benjamin, Walter. *Das Passagenwerk*, Vol. 1. Berlin: Suhrkamp, 1983. 조형준 역. 『아케이드 프로젝트 I』. 서울: 새물결, 2005.

Sturken, Marita, and Lisa Cartwright. *Practices of looking: An Introduction to Visual Culture*. Oxford University Press, 2002. 허현주, 문경원, 윤태진 역. 『영상 문화의 이해』. 서울: 커뮤니케이션북스, 2008.

Crary, Jonathan. *Techniques of the Observer: on Vision and Modernity in the Nineteenth*. Mass.: M.I.T. Press, 1990. 임동근 역. 『관찰자의 기술: 19세기 시각과 근대성』. 서울: 문화과학사, 2001.

Debord, Guy. *La Société du Spectacle*. Paris: Gallimard, 1992(was first published in 1967). 유재홍 역. 『스펙타클의 사회』. 서울: 울력, 2014.

Foster, Hal, ed. *Vision and Visuality*. Seattle: Bay Press, and New York: Dia Art Foundation, 1988. 최연희 역. 『시각과 시각성』. 부산: 경성대학교출판부, 2004.

현대 시각문화의 이해

Foucault, Michel. *Surveiller et Punir: Naissance de la Prison*. Paris: Gaillard, 1975. 오생근 역. 『감시와 처벌: 감옥의 탄생』. 파주: 나남, 2016.

Latour, Bruno. "Give Me a Laboratory and I will Raise the World." *Science Observed,* 1983.

Mathiesen, Thomas. "The Viewer Society: Michel Foucault's 'Panopticon' Revisited." *Theoretical Criminology* 1.2, 1997.

『동아출판 프라임 불어 사전』. 서울: 동아출판, 2015.

『문학비평용어사전 상-하』. 한국문학평론가협회. 국학자료원, 2006.

『표준국어대사전』. 국립국어원, 2018. Web. http://stdweb2.korean.go.kr

Apple. Advertisement. Jan 1984. Television.

Cardboard. Google, 2018. Application.

Richie's Plank Experience. Toast, 2017. Digital Content.

Oculus. Home page. Web. https://www.oculus.com.

---

1) Hal Foster, ed. *Vision and Visuality.* Seattle: Bay Press, and New York: Dia Art Foundation, 1988. 최연희 역. 『시각과 시각성』. 부산: 경성대학교출판부, 2004. p. 18.

2) *ibid.*, pp. 10~16.

3) Jonathan Crary. *Techniques of the Observer: on Vision and Modernity in the Nineteenth.* Mass.: M.I.T. Press, 1990. 임동근 역. 『관찰자의 기술: 19세기 시각과 근대성』. 서울: 문화과학사,

2001.

4) *ibid.*, p. 17.

5) *ibid.*, p. 30.

6) Walter Benjamin. *Das Passagenwerk, Vol.* 1. Berlin: Suhrkamp, 1983. 조형준 역. 『아케이드 프로젝트 I』. 서울: 새물결, 2005.

7) Marita Sturken, and Lisa Cartwright, *Practices of looking: An introduction to visual culture.* Oxford University Press, 2002. 허현주, 문경원, 윤태진 역. 『영상 문화의 이해』. 서울: 커뮤니케이션북스, 2008. pp. 61~62.

8) Foster, *op. cit.*, pp. 7~8.

9) 『표준국어대사전』. 국립국어원, 2018

10) Guy Debord. *La Société du Spectacle.* Paris: Gallimard, 1992(first published in 1967). 유재홍 역. 『스펙타클의 사회』. 서울: 울력, 2014. pp. 15~23; p. 209.

11) Crary, *op. cit.*, pp. 17-18.

12) *ibid.*, pp. 69-79.

13) *ibid.*, pp. 109~110.

14) *ibid.*, p. 107.

15) *ibid.*, pp. 154~159.

16) *ibid.*, pp. 115-129.

17) *ibid.*, pp. 136-139.

18) *ibid.*, pp. 161-167.

19) *ibid.*, pp. 177-178.

20) *ibid.*, p. 35.

21) Meredith Bak. "Perception and Playthings: Optical Toys as Instruments of Science and Culture." Ph.D. Diss. California U, 2012. pp. 75-76; pp. 119-130.

22) Michel Foucault. *Surveiller et Punir: Naissance de la Prison.* Paris: Gaillard, 1975. 오생근 역. 『감시와 처벌: 감옥의 탄생』. 파주: 나남, 2016. pp. 55-56.

23) *ibid.*, pp. 52-53.

24) Apple. Advertisement. Jan 1984. Television.

25) Foucault, *op. cit.*, pp. 54~55.

26) 이러한 입장을 취하는 대표적인 학자로 부뤼노 라투르Bruno Latour가 있다. 그는 과학적 지식의 도출 과정에 직접적으로 영향을 미치는 사회적 교섭의 범위와 영향력을 급진적으로 확장시킨다. 이에 관해서는 다음의 논문을 참고. Bruno Latour. "Give Me a Laboratory and I Will Raise the World." *Science Observed*, 1983. pp. 141~170.

27) Foucault, op. cit., pp. 58~59.

28) *ibid.*, pp. 56~57.

29) *ibid.*, p. 218.

30) *ibid.*, p. 235.

31) 시놉티콘의 개념에 관해서는 다음을 참고. Thomas Mathiesen, "The Viewer Society: Michel Foucault's 'Panopticon' Revisited." *Theoretical Criminology 1.2*, 1997. pp. 215~234.

32) Foucault, *op. cit.*, pp. 215~217.

33) *ibid.*, p. 217.

34) *ibid.*, p. 219.

35) *ibid.*, p. 241.

36) *ibid.*, pp. 296~301

37) *ibid.*, pp. 338~339.

38) Debord, *op. cit.*, p. 13.

39) *ibid.*

40) *ibid.*, p. 34.

41) *ibid.*, p. 42.

42) Foucault, *op. cit.*, p. 222.

43) 이 부분은 푸코의 다음 진술을 전용한 것이다. "한 영혼이 인간 속에 들어가 살면서 인간을 생존하게 만드는 것이고, 그것은 권력이 신체에 대해 행사하는 지배력 안의 한 부품인 것이다. 영혼은 정치적 해부술의 성과이자 도구이며, 또한 신체의 감옥이다(*ibid.*, p. 62)."

44) *ibid.*, p. 242.

45) 「문학비평용어사전」. 한국문학평론가협회. 서울: 국학자료원, 2006.

46) 시뮬라크르는 라틴어 simulacrum에서 유래하여, 보드리야르의 원전에서 프랑스어 Simulacres
로, 번역본에서 영어 Simulacra로 표기된다.

47) Jean Baudrillard. *Simulacres et Simulation*. Paris: Galilée, 1981. 하태환 역. 「시뮬라시옹」.
서울: 민음사, 2017. *ibid.*, p. 16.

48) 「문학비평용어사전」. 한국문학평론가협회. 국학자료원, 2006.

49) Baudrillard, *op. cit.*, p. 198.

50) *ibid.*, p. 45.

51) *ibid.*, p. 199.

52) *ibid.*, p. 199.

53) *ibid.*, p. 25.

54) *ibid.*, pp. 25-27.

55) *ibid.*, p. 27.

56) Dawn Ades, Neil Cox, and David Hopkins, *Marcel Duchamp*, London: Thames & Hudson,
1999. 황보화 역. 「마르셀 뒤샹」. 서울: ㈜시공사·시공아트, 2009. p. 163.

57) *ibid.*, pp. 153~158.

58) *ibid.*, p. 158.

59) 「동아출판 프라임 불어 사전」. 서울: 동아출판, 2015.

60) Debord, *op. cit.*, pp. 31~38.

61) *ibid.*, p. 13.

62) *ibid.*, p. 23.

63) *ibid.*, p. 28.

64) Baudrillard. *op. cit.*, pp. 44~45.

65) 이에 대해서는 보드리야르의 동명의 책을 참고. Jean Baudrillard, *Société de
Consommation*, 1970. 이상률 역. 「소비의 사회」. 서울: 문예출판사, 1992.

66) Debord, *op. cit.*, p. 28.

67) *ibid.*, p. 16.